DESAFIOS DA EDUCAÇÃO DE JOVENS E ADULTOS
Construindo práticas de alfabetização

1ª edição

ORGANIZAÇÃO
Telma Ferraz Leal
Eliana Borges Correia de Albuquerque

Alexsandro da Silva
Andréa Tereza Brito Ferreira
Artur Gomes de Morais
Eliane Nascimento S. de Andrade
Ester Calland de Souza Rosa
Maria Lúcia Ferreira de Figueirêdo Barbosa

DESAFIOS DA EDUCAÇÃO DE JOVENS E ADULTOS
Construindo práticas de alfabetização

Apoio
MEC/SESU

CEEL

autêntica

Copyright © 2005 by Os autores

Capa
Waldênia Alvarenga Santos Ataíde

Editoração eletrônica
Waldênia Alvarenga Santos Ataíde

Revisão
Rosemara Dias dos Santos

A435d
Leal, Telma Ferraz.
Desafios da educação de jovens e adultos : construindo práticas de alfabetização / Telma Ferraz Leal ; Eliana Borges Correia de Albuquerque (org.). – 1 ed., 3. reimp. – Belo Horizonte : Autêntica, 2007.
176 p
ISBN 978-85-7526-149-1 (broch.)

1. Educação de jovens e adultos 2. Alfabetização. 3. Programa Brasil Alfabetizado. I. Título. II. Albuquerque, Eliana Borges Correia de.

CDD – 372.012

Catalogação da Fonte: Biblioteca da FaE/UFMG

2007
Todos os direitos reservados pela Autêntica Editora.
Nenhuma parte desta publicação poderá ser reproduzida, seja por meios mecânicos, eletrônicos, seja via cópia xerográfica sem a autorização prévia da editora.

Belo Horizonte
Rua Aimorés, 981 8º andar – Funcionários
30140-071 – Belo Horizonte – MG
Tel: (55 31) 3222 6819 TELEVENDAS: 0800 283 1322
www.autenticaeditora.com.br
e-mail: autentica@autenticaeditora.com.br

São Paulo
Tel.: (55 11) 6784 5710
e-mail: autentica-sp1@autenticaeditora.com.br

Sumário

7   Apresentação

15   Relatos autobiográficos de leitura e alfabetização:
ouvindo professores para entender
como pensam sobre o que ensinam
Ester Calland de Sousa Rosa

49   A construção da identidade
de alfabetizadoras em formação
Maria Lúcia Ferreira de Figueirêdo Barbosa

71   Ler e escrever também é uma questão de gênero
Andréa Tereza Brito Ferreira

89   Alfabetizar sem "bá-bé-bi-bó-bu": uma prática possível?
Eliana Borges Correia de Albuquerque

109   O planejamento como estratégia de formação de
professores: organização e reflexão
sobre o cotidiano da sala de aula
Telma Ferraz Leal

131   O diagnóstico como instrumento de acompanhamento
das aprendizagens dos alunos e como subsídio
para a organização do trabalho pedagógico
do professor-alfabetizador
Alexsandro da Silva
Eliane Nascimento Souza de Andrade

151 O desenvolvimento de habilidades de reflexão fonológica
em adultos e jovens pouco escolarizados:
seu papel no aprendizado do sistema de escrita alfabética
Artur Gomes de Morais

173 Os autores

APRESENTAÇÃO

Numa mesma perspectiva sócio-histórica de aprendizagem que perpassa a proposta pedagógica para alfabetização de jovens e adultos que vimos discutindo em outra obra (ALBUQUERQUE; LEAL, 2004), defendemos uma ação pedagógica de formação do professor e da professora pautada na construção dos conhecimentos pelos docentes e pelas docentes em interação com os pares em situações problematizadoras. Defendemos, pois, que não basta levar o profissional ou a profissional a refletir sobre os objetos de conhecimento que ele ou ela ensinam, ou sobre as melhores maneiras de ensinar ou mesmo sobre concepções gerais sobre escola, educação, ensino, aprendizagem, conhecimento, sociedade; o professor precisa, acima de tudo isso, cultivar atitudes de reflexão sobre sua prática.

Consideramos fundamental, portanto, valorizar a experiência do professor em formação. Tomamos como pressuposto que se deve partir dos conhecimentos e experiências já acumulados pelo profissional em exercício ou enquanto desempenhando o papel de aluno, assim como das suas experiências como leitor e produtor de textos.

Atendendo a todos esses pressupostos, a metodologia de trabalho no Projeto "Mobilização e alfabetização de jovens e adultos: rede de solidariedade para a cidadania", no âmbito do Programa Brasil Alfabetizado, realizado pela Prefeitura do Recife, pautou-se em situações que levavam o professor e a professora a teorizarem sobre a ação cotidiana, refletindo sobre os modelos teóricos que serviam de suporte para tal teorização. Foi imprescindível, então, a valorização das formas de trabalho coletivo e ação autônoma dos professores e das professoras, com envolvimento desses em planos sistemáticos de estudo individual e coletivo.

Nesse Projeto, que serviu de fonte de inspiração para a escritura dessa obra, a formação dos professores foi realizada através de um curso inicial, encontros pedagógicos, seminários de formação e seminário final.

O curso inicial foi realizado na semana anterior ao começo das aulas. Neste curso, os professores foram informados acerca do funcionamento geral do projeto e tiveram acesso a discussões sobre os princípios gerais que deveriam nortear a ação docente. Após o curso inicial, eles tiveram encontros semanais de quatro horas e seminários mensais.

O encontro pedagógico tinha como objetivo o aprofundamento teórico, planejamento didático, avaliação e socialização de experiências. Cada conjunto de 40 professores teve um coordenador de grupo que era responsável pelo acompanhamento das atividades, planejamento dos encontros e orientação dos docentes. As atividades de formação foram diversificadas, incluindo-se análise dos cadernos de registro dos professores, elaboração de relatos de experiência (que estão disponíveis no Portal Educativo do Projeto: www.ce.ufpe.br/brasilalfabetizado), análise de programas em fitas de vídeo sobre alfabetização de jovens e adultos; análise de atividades, análise de provas diagnósticas dos alunos, planejamento refletido, dentre outras.

Os seminários foram organizados para discussão de temáticas ligadas à educação de jovens e adultos e à educação popular, a fim de instrumentalizar os professores para outras leituras da realidade, auxiliando-os a melhor entender a sala de aula e a sociedade em que estavam inseridos, com participação de outros interlocutores externos ao grupo que pudessem trocar idéias com os que executavam o Projeto. Diferentes interlocutores externos foram convidados a dialogar com o grupo em formação: Magda Soares, Leôncio Soares e Vera Masagão.

O seminário final foi destinado à avaliação da primeira etapa do projeto e foi organizado de modo que palestrantes participantes do grupo e palestrantes externos discutiram sobre temas ligados à alfabetização de jovens e adultos (diversidade textual e alfabetização de jovens e adultos, afrodescendência e alfabetização de jovens e adultos, a questão do gênero na EJA, currículo de EJA e alfabetização, alfabetização e letramento, dentre outros) e alfabetizadores apresentaram relatos de experiência cujos textos foram disponibilizados no Portal Educativo do Projeto.

Nos encontros pedagógicos e nos seminários, tínhamos a pretensão de discutir temas relevantes para a formação do professor-alfabetizador de jovens e adultos. Assim, as temáticas de formação que guiaram todo o processo foram:

1) O aluno adulto (O perfil do aluno jovem e adulto; O acesso ao texto escrito pelo alfabetizando jovem e adulto; Condições de vida do alfabetizando adulto; Fracasso escolar, baixa auto-estima e exclusão social; Representações do adulto sobre escola, leitura/escrita, aluno e professor; Representações sobre o "eu analfabeto"; Expectativas e aspirações em relação à alfabetização).

2) Educação de jovens e adultos (História da EJA no Brasil; História do analfabetismo no Brasil; história das campanhas

pró-alfabetização no Brasil; Trabalho e escola; A evasão do aluno adulto e suas múltiplas causas).

3) Concepções de linguagem, ensino e alfabetização (Concepções sobre língua e gramática; Concepções sobre ensino; Concepções sobre alfabetização e letramento; A construção dessas concepções no percurso pessoal de alfabetização e escolarização; Variação lingüística).

4) Os processos de ensino e aprendizagem da notação escrita (O sistema alfabético; A construção dos conhecimentos sobre o sistema alfabético: hipóteses sobre leitura e escrita; Os processos de aprendizagem da escrita pelo aluno adulto; Os objetivos e atividades que promovem a reflexão sobre o sistema alfabético).

5) Leitura e produção de textos na alfabetização de jovens e adultos (Relações entre alfabetização, letramento e escola; Os gêneros textuais como instrumento de interação social; Os diferentes gêneros textuais e a seleção de textos na alfabetização; Relações entre oralidade e escrita; Produção de textos: contexto de produção e processos de ensino e aprendizagem; O leitor e as práticas sociais de leitura na sociedade).

6) Planejamento do ensino e papel do professor (A organização do tempo e da rotina da sala de aula; A organização dos arquivos de atividades e dos cadernos de registro; Seleção de atividades e organização dos recursos didáticos; O uso do livro didático e outros materiais de leitura).

7) Avaliação e ensino (Os objetivos do ensino e o processo avaliativo; O diagnóstico do aluno e o planejamento do ensino; Caderno de acompanhamento do aluno como registro de aprendizagem).

8) Interação em sala de aula (O professor enquanto mediador entre o aluno / objeto de conhecimento e sociedade;

Interação aluno-aluno e o papel do professor como coordenador: solidariedade, tolerância, poder, competição...).

O projeto pedagógico que orientou o Programa Brasil Alfabetizado em Recife foi elaborado por professores e alunos de pós-graduação da UFPE, que hoje constituem o Centro de Estudo em Educação e Linguagem (www.ce.ufpe.br/ceel), no Centro de Educação. A execução de toda a formação continuada dos professores-alfabetizadores foi realizada por professores e alunos de pós-graduação das universidades públicas do Recife (UFPE, UFRPE e UPE).

Foi a partir dessa experiência, e com os dados coletados durante a realização do Projeto[1], que os diversos autores encontraram os temas que aqui discutem. Para melhor situar o leitor, esclarecemos que tínhamos alunos-bolsistas que faziam observações de aula, com elaboração de relatórios; coletavam e digitavam relatos de experiência dos professores, observavam e faziam relatórios dos encontros pedagógicos, coletavam e digitavam depoimentos e questionários de avaliação. Muitos desses materiais estão disponíveis na página do Projeto e foram inseridos nos textos que aqui estão postos.

No primeiro capítulo, Ester Rosa recupera as memórias dos professores e das professoras para discutir sobre a importância dessas lembranças na prática docente. A autora, utilizando extratos de textos coletados em sua Tese de Doutorado e de textos elaborados em uma atividade de formação realizada no âmbito do Projeto aqui descrito (escrita das memórias como alunos alfabetizandos), indicia o quanto as experiências iniciais dos professores e professoras como leitores / leitoras podem ser relevantes no processo de formação, levando-os

---

[1] Este projeto contou com o apoio do Ministério da Educação (MEC / SESu), que financiou todo o trabalho de acompanhamento e avaliação do Programa Brasil Alfabetizado em Recife, a criação do Portal Educativo e a produção de material para formação de professores-alfabetizadores de jovens e adultos.

(as) a tomar consciência de atitudes e formas de ação pedagógica nem sempre disponíveis à consciência imediata.

Maria Lúcia Barbosa, no segundo capítulo, discute sobre a construção da identidade desses(as) docentes em formação, explicitando a importância disso no processo pedagógico. A autora evidencia os valores e princípios que os (as) docentes assumem como norteadores para um profissional da educação e os processos de construção dessa identidade, as tensões e os modos de superação das dificuldades. Os dados foram coletados através de filmagem de uma turma do Brasil Alfabetizado e de entrevistas realizadas pela própria autora. O tema se reveste de grande importância para entendermos a complexa rede de processos que estão constantemente em jogo durante a construção dos conhecimentos e habilidades docentes.

O terceiro capítulo, escrito por Andréa Brito, retoma a questão da identidade profissional, tendo como eixo de reflexão a questão do gênero. A mulher professora, a mulher aluna e a mulher alfabetizanda jovem ou adulta são objetos de discussão. Os modos como as representações sobre a situação da mulher na sociedade interferem sobre o processo pedagógico são enfocados pela autora de modo consistente e desafiador. Utilizando dados coletados através de entrevistas com as educadoras, Andréa "põe na mesa" as tensões oriundas das posições que as mulheres assumem no campo profissional.

Eliana Albuquerque, no quarto capítulo, traz um estudo de caso de uma alfabetizadora, através do qual são discutidos os processos de construção dos conhecimentos que ocorreram durante a formação continuada. As desconfianças da professora acerca das abordagens teóricas assumidas pelas formadoras, as conquistas, os recuos, a influência dos diferentes interlocutores e a busca dos saberes constituem centros de atenção neste capítulo. As concepções de alfabetização e de letramento que permearam os encontros pedagógicos e as concepções anteriormente desenvolvidas pela docente são focalizadas, assim como as tensões oriundas das exigências feitas quanto à conciliação entre esses processos durante a alfabetização dos jovens e adultos. Os resultados provisórios da formação são expostos ao público de maneira franca e transparente.

Para discutir mais um pouco sobre a construção dos conhecimentos dos professores durante a formação continuada, Telma Leal traz, no capítulo seguinte, reflexões sobre as estratégias de formação adotadas pelo grupo do Projeto "Mobilização e alfabetização de jovens e adultos", centrando a atenção nos momentos de planejamento pedagógico. Extratos de relatos de experiência de alfabetizadores são analisados, buscando-se encontrar as marcas da formação. A autora buscou apreender os efeitos e benefícios do planejamento coletivo, reflexivo e socializado sobre a prática cotidiana dos professores. Por outro lado, assistimos, neste capítulo, a uma socialização da proposta de rotina elaborada no projeto e das estratégias didáticas dos educadores para executar essa rotina. Bons exemplos de situações didáticas são utilizados para ilustrar tal tema.

Alexsandro da Silva e Eliane Andrade também abordam as estratégias de formação. No capítulo seis, eles discutem sobre a importância da avaliação para a alfabetização, tomando como eixo de discussão a necessidade de compreensão acerca de como os alunos pensam sobre a escrita para melhor planejamento da prática cotidiana. Apresentam um estudo de caso, com a evolução de dois grupos-classe quanto aos conhecimentos sobre a escrita alfabética, apontando algumas estratégias didáticas utilizadas pelas professoras, através dos relatos delas, planejadas a partir das discussões nos encontros de formação. Os autores salientam, ainda, a importância de realizarmos, nos encontros pedagógicos, atividades centradas nos trabalhos dos alunos, como, por exemplo, nas provas diagnósticas construídas pelo grupo e nas fichas de acompanhamento como instrumento de reflexão acerca dos progressos alcançados.

No sétimo capítulo, Artur Morais seleciona um dos temas discutidos durante a formação dos professores para evidenciar aspectos essenciais da alfabetização que vêm sendo, em algumas propostas, negligenciados. A questão da consciência fonológica é trazida como núcleo do capítulo, com evidências dos progressos alcançados pelos alunos a partir de reflexões que foram feitas durante os encontros pedagógicos. Exemplos de situações de sala de aula são usados para mostrar a possibilidade de um trabalho com base em abordagens sócio-interacionistas que consideram o desenvolvimento da consciência fonológica sem recair no mecanicismo e repetitividade próprios dos métodos fônicos.

Todos esses capítulos foram construídos numa perspectiva de socializar um trabalho coletivo em que muitas mãos escreveram o que muitas cabeças e corpos fizeram durante os primeiros seis meses do Programa Brasil Alfabetizado em Recife.

Telma Ferraz Leal
Eliana Borges Correia de Albuquerque

Relatos autobiográficos de leitura e alfabetização:

ouvindo professores para entender como pensam sobre o que ensinam

Ester Calland de Sousa Rosa

> "A vida não é a que a gente viveu,
> e sim a que a gente recorda,
> e como recorda para contá-la."
>
> *Gabriel García Márques*

Apresentação

O texto trata de relatos autobiográficos de professores, com foco em suas histórias de leitura e de alfabetização. Inicialmente parte de um levantamento acerca do que vem sendo pesquisado nesta área, para, em seguida, apresentar brevemente resultados de uma pesquisa envolvendo um grupo de alfabetizadoras do Recife, destacando, em suas falas, a reconstituição de suas trajetórias como leitoras e as imagens construídas sobre o que é ser leitor e sobre o seu papel enquanto mediadoras na formação de novos leitores. A terceira parte do texto consiste em relatos coletados como parte do acompanhamento e formação de um grupo de estudantes universitários envolvidos no Programa Brasil Alfabetizado, em Recife, em que foram identificadas algumas tendências quanto a suas memórias do processo de alfabetização. O argumento central defendido é que ouvir relatos autobiográficos, quer em processos de pesquisa, quer em programas de formação de professores, pode ajudar a identificar o que alfabetizadores pensam sobre seu objeto de trabalho e assim contribuir para ajudá-los a reorientar como são tratados o leitor e a leitura na escola.

Por que estudar a história de leitura e de alfabetização de alfabetizadores?

Todos vivemos "vidas narradas" (CONNELLY; CLANDININ, 1995), e, como diz o escritor colombiano na epígrafe deste texto, o que importa não é tanto o que vivemos e sim o que recordamos e como conseguimos relatar aquilo que compõe a nossa memória. Isso porque, ao contar histórias sobre si mesmas, as pessoas não apenas resgatam fatos ocorridos, mas também delineiam uma auto-imagem, situam-na em continuidade com o mundo cultural ao qual pertencem e, desse modo, constroem formas de compreender a vida a partir de uma dimensão temporal e circunstancial.

Assim, as narrativas autobiográficas passam a pertencer ao fluxo de conhecimentos do qual a pessoa se tornou parte e modelam formas de pensamento que ajudam a conferir sentido tanto às experiências passadas quanto às presentes (BRUNER, 1996). Quando o processo de elaboração de um relato sobre o passado ocorre no contexto de "conversas pedagógicas" (GALLIMORE; THARP, 1996), existe o potencial educativo de re-situar o passado à luz do presente e de participar de um debate acerca das circunstâncias que integram a história pessoal ou de determinados grupos. Para quem relata e compartilha histórias pessoais, essa é uma oportunidade para elaborar conhecimento sobre si mesmo e pode se tornar um recurso para rever conceitos e preconceitos que foram apropriados ao longo da vida. Quando se trata especificamente de professores, tem sido crescente o uso de narrativas como recurso para compreender como estes pensam e para estabelecer relações entre a história de vida e disposições para o ensino, particularmente para a inovação e implementação de mudanças na prática profissional (CLEMENTS, 2001; BUENO, 1996; ELBAZ, 1993; BUTT; THOWNSEND; RAYMOND, 1990; BUTT; RAYMOND, 1987).

Seguindo a tendência identificada em biografias de professores em geral, no que concerne à proposta de contar sua história de leitura e de alfabetização, alguma evidência tem sido encontrada em pesquisas realizadas fora do contexto brasileiro no sentido de associar a reflexão acerca da experiência pessoal com a orientação adotada na docência.

Estudo realizado por Gomez, Walker e Page (2000), por exemplo, sugere que contar a história de vida coloca o narrador na posição de autoria e favorece a reflexão acerca do impacto das identidades pessoais sobre o ensino. No entanto, a aplicação de experiências pessoais deve considerar o contexto em que o ensino está situado e também as formas como esses professores se assemelham ou se diferenciam de seus alunos. Os pesquisadores defendem que lições advindas da experiência de vida são recursos para o ensino desde que possam ser utilizadas como matrizes para uma reflexão crítica no confronto entre a identidade e experiência do professor e aquelas de seus alunos. No caso dos professores estudados, estes tendiam a se lembrar de práticas de leitura e de alfabetização que consideravam positivas, com a presença de bons modelos de leitores e uma diversidade de materiais e de situações de acesso a textos no processo de aquisição da escrita, o que contrastava com a vivência mais comum entre seus alunos.

Apoiados nos relatos autobiográficos de um grupo de dez professores e no confronto destes com a observação de suas práticas em sala de aula, Drake, Spillane e Hufferd-Ackles

(2001) identificaram uma certa homogeneidade nas histórias de leitura e escrita que foram narradas e nos estilos de ensino desses conteúdos. Os professores ressaltaram existir uma continuidade entre o modo como ensinam e suas práticas e identidades de leitores e de produtores de textos, ressaltando que os aspectos aprendidos na experiência enquanto alunos acabam sendo uma referência que persiste ao longo da vida. Não apareceram, nesses relatos, momentos críticos que caracterizassem rupturas nos modos de ler e escrever, havendo uma continuidade entre experiências na infância e juventude e aquelas da vida adulta. Também foram referidas pessoas significativas, dentro e fora do contexto escolar, como modelos a serem seguidos nos usos da leitura e escrita e em seu ensino.

Num estudo similar realizado com estudantes de cursos de formação inicial de professores, Roe e Vukelich (1998) constataram existir uma correspondência entre o que eles relatavam como suas lembranças mais marcantes na sua constituição enquanto leitores e produtores de textos e aquilo que defendiam como boas estratégias para o ensino e aprendizagem da leitura e escrita. No universo estudado naquela investigação, o contexto da aquisição da leitura e escrita vivido por professores funcionava como uma fonte de conhecimento *experiencial* e compunha suas crenças sobre o ensino desse conteúdo. Alguns fatores foram identificados como influências positivas na trajetória desses professores em termos de leitura, quais sejam: pessoas significativas funcionaram como modelos; havia, no ambiente familiar e escolar, uma disponibilidade e abundância de materiais de leitura; e eles tiveram diversas oportunidades de produção escrita, de leitura de livros e de realizar jogos dramáticos. Quando perguntados sobre que atividades adotariam e quais evitariam no ensino da leitura e escrita, esses professores incluíam em sua listagem de práticas que consideravam adequadas para a sala de aula, com maior freqüência, aquelas que eles recordavam como positivas na sua experiência pessoal.

Essa mesma linha de argumentação aparece na pesquisa coordenada por Morrison, Jacobs e Swinyard (1999), em que constataram haver uma relação significativa entre leitura na vida pessoal por parte de professores e a implementação de práticas inovadoras de leitura literária na sala de aula. Num levantamento realizado com 1.874 professores do ensino fundamental norte-americano, os pesquisadores constataram que praticamente todos os professores compartilhavam a meta de desenvolver não apenas habilidades de leitura, mas também a paixão de ler em seus alunos, tornando a leitura um hábito para toda a vida. Professores desejavam, ainda, que seus alunos escolhessem ler em seu tempo livre e não apenas como uma obrigação escolar. No entanto, o que diferenciava professores com ampla experiência pessoal como leitores de literatura de outros professores era que os que tinham experiência, além de adotarem estratégias de ensino que encorajam a leitura, também se apresentavam como modelos de leitores para seus alunos.

Vale lembrar que, no contexto dos estudos mencionados acima, os professores tendem a ter uma origem sociocultural comum, oriunda das camadas sociais mais privilegiadas em termos de acesso aos recursos do mundo letrado. Isso talvez justifique a ausência de rupturas entre o que aprendem sobre leitura e escrita enquanto alunos e como praticam o ensino desses conteúdos. Essa característica também parece influir na possibilidade de eles se colocarem como modelos de leitores para seus alunos, visto que existe uma compatibilidade entre suas experiências e o que constitui o modo de ler mais valorizado na escola.

Em contrapartida, a bibliografia consultada é unânime em ressaltar que existe um fosso entre as experiências vividas pelos professores e aquelas de seus alunos. Isso tende a gerar situações de conflito e imposição de um modelo único de leitor, já que os professores ignoram a diversidade de formas de ler, se limitando a utilizar na escola aquelas de maior prestígio social. Naquele contexto, os professores acabam tendo como desafio lidar com alunos cuja inserção no mundo letrado é divergente da sua e que, portanto, desenvolveram diferentes estratégias e atitudes de leitores e participam de comunidades lingüísticas com as quais o educador tem pouca familiaridade (HEATH, 1999).

Esse perfil é distinto no caso brasileiro[1], em que professores de séries iniciais do ensino fundamental representam, muitas vezes, a primeira geração com acesso a uma escolarização longa e participam de um conjunto de práticas de leitura, durante suas trajetórias de vida, que se distanciam daquelas referendadas pela instituição escolar porque são identificadas com valores e práticas que caracterizam as camadas mais pobres da população, têm sua origem no meio rural ou são próprios da cultura de massa (ROSA, 2003; GATTI, ESPÓSITO, SILVA, 1998; SETTON, 1994; RIBEIRO, 1992).

Isso faz com que seja comum ouvir professores dizerem que não têm hábitos de leitura, que lêem menos do que deveriam ou que se consideram leitores precários (ROSA, 2003; DIETZSCH, 1999; BATISTA, 1998; KRAMER, 1998). Eles convivem com uma expectativa de serem formadores de novas gerações de leitores e, ao mesmo tempo, sentem uma inadequação para o desempenho dessa função, já que não se consideram leitores plenos. Um exemplo que resume bem essa posição pode ser apreendido no depoimento da professora Gisélia, coletado numa roda de conversas sobre leitura num programa de formação docente:

---

[1] Ainda são poucos os estudos que têm como tema a biografia de professores, com ênfase na história de vida temática focada nas memórias de leitura e de alfabetização. Se considerarmos, por exemplo, as teses e dissertações defendidas em programas de pós-graduação brasileiros na década de 1990, menos de 10% dos estudos têm como objeto o professor, seus saberes e suas práticas culturais, suas concepções e seus esforços na busca de identidade (ANDRÉ et al., 1999). Numa atualização desse levantamento, observa-se que essa tendência começa a se alterar, com a emergência de temas como a transformação na identidade de professores, processos de mudança e análise da trajetória pessoal e profissional do professor (ANDRÉ et al., 2000). Ainda assim, dentro desse contingente de pesquisas poucas enfocam as memórias e acervos pessoais de leitura e escrita de professores.

> eu sei que sou muito falha nesse ponto, assim, de não estar lendo muito, pois como é que eu vou ensinar o aluno a ler se eu não sou uma leitora assídua, sei lá, ou uma boa leitora? [...] Nunca fui de ler grandes poetas, não. Até porque não tinha tempo pra isso, nem sabia, assim, que eles existiam.

Na fala dessa professora, percebe-se que ela supõe que existem "bons leitores" em oposição a outros menos assíduos, que lêem pouco ou que lêem autores "menores". De sua fala pode-se depreender também que a participação em práticas de leitura de maior ou menor prestígio social define a posição que se ocupa no mundo letrado e delineia uma auto-imagem como leitor.

A constatação de que existe uma distância entre a experiência pessoal e aquela que a professora reconhece como uma exigência profissional pode ser vivida como um obstáculo, gerando sentimentos de inadequação, expressos em relatos do tipo: "se a professora não gosta de ler, pelo menos ela tem que demonstrar que gosta". Por outro lado, é possível que o processo de rememoração propicie uma maior aproximação entre professores e alunos, estabelecendo novos vínculos e identificações, uma vez que compartilham histórias comuns. Em qualquer dos casos, a oportunidade de ouvir professores falarem sobre suas memórias pode ser um recurso a mais em sua formação, tanto para ajudar a desmistificar o "leitor ideal" quanto para recuperar conhecimentos e práticas que normalmente são pouco comuns na forma escolar de ler e escrever.

Ouvindo professoras e o que contam sobre suas leituras

Os aspectos destacados nos próximos parágrafos referem-se a algumas tendências identificadas nos relatos autobiográficos de um grupo de 16 professoras que atuam nas séries iniciais do ensino fundamental e na educação de jovens e adultos na cidade de Recife (ROSA, 2003). Na pesquisa feita, além da coleta de narrativas, também foram realizadas rodas de leitura e de conversas sobre textos e a observação de práticas de ensino envolvendo situações de leitura. No entanto, foram apresentados aqui apenas alguns fragmentos das falas das professoras pesquisadas, com ênfase nas suas histórias de vida e nos modos como as mesmas ganharam forma em narrativas autobiográficas.

Ouvir os depoimentos dessas professoras sobre suas vidas possibilitou que se evidenciasse a circulação de materiais escritos em contextos escolares e não-escolares de socialização de crianças e jovens nos segmentos sociais de origem desse grupo, envolvendo redes formais e informais que garantiram o acesso e a partilha de escritos, apesar das adversidades materiais das famílias em questão.

Evidenciou-se, ainda, que essas professoras empreenderam, ao longo de suas histórias, diversos movimentos para integrarem diferentes comunidades de leitura, que garantiram, junto com o acesso a textos, referenciais para agir e pensar sobre a língua em sua forma escrita. Nesse sentido, destacaram-se, inclusive, as dimensões de gênero, origem social, filiação religiosa, entre outras, na composição dessas trajetórias pessoais.

Ao coletar essas narrativas, foi possível dar visibilidade a diferentes mecanismos adotados por famílias pouco escolarizadas que buscaram introduzir, com sucesso, seus filhos na escola e, por conseqüência, em práticas de leitura e escrita inacessíveis para eles fora do ambiente escolar. Além da mobilização em torno da escola, ficou patente que algumas dessas famílias adotavam os gestos e atitudes valorizados nas formas escolares de ler e escrever, mesmo quando não dispunham dos mesmos recursos em termos de acesso a livros e a outros portadores de textos.

O que predominou nos relatos das professoras no que tange ao universo familiar foi o esforço empreendido pelos pais para a aquisição de livros didáticos como estratégia para garantir uma inserção bem-sucedida na escola e a ausência de outros tipos de publicação dirigidos especificamente para o leitor infantil. Em quase todos os relatos, o pai ou a mãe não eram reconhecidos como modelos de leitores, isso porque liam materiais de pouco prestígio e em circunstâncias não-preconizadas nas formas escolarizadas de leitura.

Também caracteriza o ambiente familiar desse grupo de professoras a participação em comunidades que realizam atividades de leitura em voz alta como forma de lazer compartilhada entre adultos e crianças e como parte da vida rural ou de cidades do interior. Naquele contexto, as professoras vivenciaram situações em que ler significava não apenas adquirir uma habilidade individual, mas também mediar a convivência grupal e abria perspectivas em termos da participação em eventos sociais. Isso é perceptível, por exemplo, no depoimento da professora Maria, quando ela relata sua lembrança mais remota com leitura, nos anos 1950, na região praieira do Rio Grande do Norte:

> De noite, juntavam-se os vizinhos, e ia todo mundo debulhar feijão. E aí começava a roda de história, de adivinhação e a leitura de cordel. Então, na cantoria, meu pai ensinava pra gente, e a gente ensinava pra ele. E a roda de história era com minha mãe; chamava história de trancoso, história de encantamento. E (na leitura) eu era a pessoa escolhida, porque lia mais corretamente, não gaguejava, não parava. E eu me encantava, ficava toda cheia e ia fazer a leitura. E aprendi a gostar.

Nesse caso, o acesso ao mundo letrado deu-se sem a presença de livros e com apenas um gênero impresso, o cordel. Além disso, não existia um local apartado para a realização da leitura. Esta estava integrada a outras atividades comunitárias e laborativas; era realizada em voz alta, sempre de forma coletiva, e não se caracterizava como uma atividade privada ou individual. Os papéis de leitores e ouvintes se alternavam entre adultos e crianças, compartilhando os mesmos textos e as mesmas histórias que eram repetidas várias vezes, até se tornarem parte da memória coletiva, passando a ser transmitidas oralmente, numa aproximação entre ficção e crônicas de situações vividas. Pode-se dizer que, no contexto descrito por Maria, contrariando as distinções usualmente esperadas, as práticas de leitura não se dissociavam daquelas típicas da oralidade a que alfabetizados e iletrados não se opunham, mas integravam uma mesma comunidade leitora.

Novamente é possível visualizar práticas de leitura que se distanciam do modelo escolar, o que faz com que a entrada na escola constitua, para este grupo, uma ruptura com formas familiares e comunitárias de ler. O distanciamento entre as práticas de leitura escolares e não-escolares acaba persistindo ao longo da vida, já que não chega a se tornar objeto de reflexão durante o processo de formação nem ao longo do exercício profissional dessas professoras. Assim, o que aprenderam com a leitura em casa e na comunidade acaba não sendo aproveitado de forma sistemática e consciente na organização de suas práticas de ensino da leitura.

No que se refere à escola e seu papel na constituição do perfil dessas leitoras, os relatos coletados apontam para duas direções opostas, embora tenham em comum o fato de representar uma ruptura com práticas extra-escolares.

Como já foi dito, o acesso à escola significou, em alguns dos casos estudados, um rompimento com os modos de ler usuais das famílias e comunidade de origem, mobilizando nas professoras esforços para participarem de novas práticas e para se apropriarem de discursos e de formas de conceber e de falar sobre textos típicos da cultura escolar. Nesse sentido, a escola representou uma oportunidade de elas serem introduzidas em práticas legitimadas socialmente, com acesso à leitura de autores e de livros que eram desconhecidos nas práticas de leitura na família. Se a escola pode confinar a leitura e dissociá-la de seus usos sociais mais comuns, pode também ser uma via de acesso a autores, gêneros e formas de ler que seriam inacessíveis para alguns segmentos sociais, como aquele de origem da professora Socorro, por exemplo:

> Dona Tecla me ajudou muito. Me fez descobrir o mundo das letras; me fez participar do mundo dos cordéis, que era meu sonho; fez minha mãe feliz e me realizou. Eu me sentia uma menina realizada, sabendo ler. Naquele mundo, em 1959, saber ler era um grande desafio, principalmente no bairro que a gente morava, lá em Vitória (de Santo Antão, Pernambuco). Então o livro (didático) foi uma festa, uma alegria. Lia tudo. Toda noite deitava, ficava lendo aquele livro, várias vezes; lendo, relendo. [...] Terminei o primário, tinha sempre um livro após livro. Não conhecia a palavra literatura.

Em contraste com uma avaliação mais positiva em termos do que a leitura escolar propiciou, outras professoras referiram-se aos limites da escola que freqüentaram, dizendo que ela levava ao afastamento do aspecto lúdico e prazeroso do contato com textos e entre leitores, dimensões estas que estavam presentes nas formas de acesso a narrativas orais e nos encontros não-escolares com textos. Aparecem, portanto, críticas à escolarização da leitura, principalmente quando nela predominava a escolha de textos pouco significativos para o leitor ou quando a forma de ler pouco contribuía para desenvolver uma proximidade com os livros.

Ao contarem suas histórias, as professoras evidenciaram, ainda, o papel mediador das relações sociais na vida adulta no delineamento de novas identidades e de novas formas de inserção em práticas de leitura. Confrontando memórias da infância e juventude com aquelas lembranças mais recentes, elas descreveram mudanças em seus modos de ler, principalmente devido à sua identidade de professoras. Segundo seus relatos, ler na vida adulta passou a ser progressivamente um ato voltado prioritariamente para a busca de informação e para as finalidades de estudo, construindo, assim, uma identificação com o modelo escolar de leitura, posteriormente reforçado na função docente.

As leituras de lazer e aquelas que atendem a necessidades subjetivas continuaram a existir, mas, como não correspondiam ao cânone introduzido pela escola, acabaram, muitas vezes, omitidas nos relatos, não sendo reconhecidas positivamente, nem em termos do que era lido nem das formas que adquiriam. Desse modo, algumas qualidades dessas práticas se perdem, como, por exemplo, o fato de que são escolhas voluntárias dos leitores, envolvem a participação em uma rede de trocas com outras mulheres que compartilham gostos similares, são atividades prazerosas, despretensiosas e lúdicas, embora também possam ser "educativas", como diz a professora Luciene:

> E eu na minha adolescência me apeguei muito com livro de auto-ajuda eu nem tinha esse diagnóstico auto-ajuda, mas eu amava saber das coisas, aquelas coisas que podiam me acrescentar da melhor maneira possível. [...] Então eu colecionava muitos provérbios, tinha cadernos de provérbios colecionados, e esses ditados populares mesmo, eu sempre busquei muito, sempre vibrei muito também com a cultura popular, sempre gostei muito.

Também aparecem, nos relatos, situações de leitura que só começam na vida adulta e que estão associadas a opções religiosas e políticas, diversificando os materiais de leitura a que as professoras têm acesso e também as razões que levam à busca de textos escritos. Essa ocorrência contraria o senso comum, pois evidencia que a formação dessas leitoras é contínua e vai se renovando com o tempo, inclusive com as escolhas da própria leitora.

> Foi aí que eu fui conhecer jornal, quando eu estava no Grupo Canaã, que eu vim pegar jornal, porque Moacir era vendedor de jornal e trazia para o grupo todos os movimentos que estavam acontecendo, da repressão

na cidade de Recife e no Brasil. Foi aí que eu consultei jornal. Até essa idade eu não tinha pego, ainda, no jornal. [...] Escrevíamos. Preparar ata, preparar abaixo-assinado. Foi quando eu vim conhecer mais ainda, que eu já tinha conhecido antes; abaixo-assinado, manifesto, passeata, visita a secretário de Educação, visita a governador; ler para ele a ata, ler a nossa reunião, ler os nossos pensamentos; escrever o que a gente estava pensando, entendeu? (Socorro)

Na vida adulta, o exercício profissional destaca-se pelas oportunidades que inaugura tanto em termos do acesso a novos textos quanto das expectativas e repercussões que a leitura passa a ter na vida como um todo. Quando as professoras se referem ao exercício do magistério, a leitura ganha relevo como uma característica central da identidade profissional, mesmo quando elas não conseguem corresponder ao modelo idealizado.

Essa constatação aparece nos relatos quando as docentes lamentam a falta de oportunidades e as restrições sentidas nas suas vidas em termos de acesso e também quando consideram o exercício de seu papel como representantes da cultura letrada. Em ambas as situações, parece haver uma busca de legitimidade profissional fundada numa crença nos benefícios que a leitura tem tanto para indivíduos quanto para a sociedade em geral. Pode-se imaginar, portanto, que a identidade de professora fornece um diferencial que gera expectativas para o próprio desempenho enquanto leitoras, mas, ao mesmo tempo, reforça preconceitos quanto a um ideal homogêneo em termos de inserção no mundo letrado.

Como aconteceu em suas histórias pessoais, o papel que assumem como mediadoras da leitura extrapola a questão da intensidade ou variedade dos contatos do adulto com textos escritos. Desse modo, professoras que constroem uma imagem de leitoras pouco especializadas e com lacunas em sua familiaridade com situações de leitura, mesmo assim, se colocam o desafio de influenciar positivamente seus alunos nesse campo.

Mais especificamente no que concerne ao trabalho com leitura, elas mencionam o livro didático como principal material disponível para a realização de atividades de leitura com as crianças. A defesa desse recurso se apresenta com diferentes justificativas, sendo este reconhecido não apenas como suporte para a leitura dos alunos, mas também como material de pesquisa para a professora e como ordenador dos conteúdos a serem ensinados em cada série. Ao mesmo tempo, existe um mal-estar associado ao uso exclusivo desse material de leitura:

> Porque ainda estou muito presa em dar conteúdos seguindo os livros didáticos, mas eu sinto necessidade de mudar a minha prática, razão pela qual estou freqüentando esta oficina de leitura. O livro didático bitola muito o professor e o aluno, porém serve de guia para os conteúdos mínimos que devem ser trabalhados, uma vez que não se tem nenhuma orientação de quais conteúdos são mais adequados a uma determinada série. (Márcia)

Embora não apareça explicitamente nos relatos, essa parece ser uma situação em que a experiência pessoal serve como referência na organização do trabalho pedagógico. O livro didático foi mencionado por todas como componente de suas leituras na infância, na juventude e no processo de formação inicial e acaba naturalmente sendo incorporado também às suas leituras profissionais.

Além dos livros didáticos, outros materiais que elas lêem profissionalmente são os textos distribuídos durante a formação continuada, normalmente na forma de cópias xerografadas, ou são materiais disponíveis nas escolas, principalmente revistas de atualização dirigidas a professores e que circulam em bancas de jornais. Elas descrevem as leituras desses materiais como sendo ligeiras e deficitárias, principalmente devido à falta de tempo ou de interesse:

> Na escola, [livro] de autor não [leio]. Eu gosto assim de ler às vezes essas revistas que vêm. Mas de procurar ver, pegar, vamos dizer, uma Emília Ferreiro, para ler, um livro, assim, didático, não. Eu, quando parei de estudar, saí e nunca mais voltei; biblioteca pública não tem, parar para comprar também não. E nem assim se exige tanto. Porque podia até ter: "Leiam tal livro, tal livro." [...] Mas, assim, de pegar livros didáticos para ler não. Aí acho que eu teria que voltar a fazer algum curso, eu acho que teria que começar de novo. (Mônica)

O depoimento de Mônica revela outra conseqüência da forma como essas professoras se constituíram como leitoras: o modelo escolar de leitura cria a necessidade de tutela, que leva à falta de autonomia do leitor para realizar suas escolhas e proceder à leitura na ausência de um agente externo.

Os limites identificados pelas professoras, tanto em termos dos materiais que lêem quanto das suas formas de ler profissionalmente e na vida em geral, acabam tornando-se um dos componentes de sua auto-imagem enquanto leitoras, como discutido a seguir.

Construindo imagens de leitoras.

No grupo estudado, predominaram formas negativas nas descrições de si mesmas como leitoras, expressando um sentimento de inadequação, principalmente diante de suas expectativas quanto aos deveres profissionais.

A perspectiva de leitura defendida pelas professoras aproxima essa prática daquilo que se espera de estudantes, que lêem para se informar e para estudar. Assim, as leituras que compõem o seu acervo pessoal, mas que se distanciam dessas finalidades acabam sendo valoradas negativamente e sendo desconsideradas na constituição de sua auto-imagem como leitoras.

As críticas que fizeram, durante os relatos autobiográficos, às leituras na escola, à formação e à prática docentes parecem ficar diluídas quando elas tomam para si mesmas a responsabilidade pelo fato de não preencherem seu modelo desejado de leitoras:

> Eu fui muito, sempre eu fui muito vazia assim nessa questão de leitura, porque eram só leituras de pesquisa ou leituras que eles dão nos livros. [...] Mas minha experiência com leitura foi muito, muito pouca mesmo, muito de estudo, sabe? Muito limitada, limitadíssima, eu acho que é por isso que hoje eu tenho tanta sede para ler, para entender as histórias. [...] É muito pouca a minha vida como leitora, foi pouca. Eu acho que foi muito restrita, acho que foi resumida demais minha história como leitora, pelo menos na infância que eu acho que é a base de tudo; eu perdi a minha base, por causa disso, sabe? Porque eu ainda acho que foi pouco, além de tudo que [meus pais] fizeram por mim, mas eu acho que ainda foi pouco. (Joseane)

A forma como as professoras percebem seu desempenho enquanto leitoras tem repercussão na imagem que constroem de suas habilidades profissionais. Não ser a leitora que idealiza implica não se considerar plenamente legitimada em sua conduta como professora: "Eu sei que sou muito falha nesse ponto, assim de não estar lendo muito; pois como é que eu vou ensinar o aluno a ler se eu não leio muito." (Nívea).

Elas situam-se como leitoras que ainda não atingiram um patamar esperado e atribuem esse distanciamento a suas escolhas pessoais ou a uma decorrência do seu contexto passado ou presente e dos limites que este lhes impõe. Com isso, parecem negar todo um conjunto de práticas e de comunidades de leitura das quais participam, contrapondo suas vivências àquilo que idealizam. Essas idealizações, por sua vez, reproduzem imagens e discursos acerca da leitura e de leitores que só reconhecem e valorizam determinados tipos de livros, modos de ler e atitudes do leitor. Isso ocorre mesmo quando, em suas narrativas autobiográficas, descreviam práticas na família, na comunidade e entre pares, pautadas por outros usos da leitura.

Em suas falas, apareceram, por exemplo, defesas de uma associação direta entre habilidades de leitura e desenvolvimento cognitivo, reproduzindo uma perspectiva preconceituosa com relação aos analfabetos e pouco escolarizados:

> Acho que [a leitura] é muito importante, não é? E desenvolve muito a mente da gente, não é? Desenvolve. Abre mais, assim, os caminhos. [...] Ler é importante demais. A gente percebe, assim, nas pessoas que lêem, que já leram muito, uma forma até de se expressar diferente, de compreender, de compreender as coisas do mundo, de viver mesmo as coisas do mundo, porque você vai lendo, lendo, lendo... você vai conhecendo mais; você quando lê, você usa muito a imaginação, viaja. Eu acho que isso é muito bom e você também fica com a visão mais ampliada das coisas; você não vê as coisas só por um lado, você não vê só o que está ali em frente. (Luciene)

Assim, em definições acerca do que significa leitor e nas repercussões que a leitura tem para a vida em geral, a leitura aparece como valor em si mesma, com conseqüências sempre positivas do acesso à cultura escrita, como, por exemplo, o desenvolvimento individual e benefícios sociais dele decorrentes. Novamente suas opiniões vêm permeadas da defesa de ideais que não se sustentam no confronto com as lembranças do que ocorreu em suas histórias pessoais. Se, por um lado, essa idealização pode levar a uma autodepreciação, por outro, pode mobilizar o desejo de mudança e de ampliar as oportunidades de acesso a práticas de leitura:

> A gente não sabe tudo, oralmente, através de conversa a gente não sabe tudo, e com a leitura escrita a gente tem mais abertura, a gente tem muito mais oportunidade de crescer, tem mais segurança no que a gente vai

falar depois, não é? [...] É, eu acho que tem mais facilidade de expressão, mais, né? A gente se sente mais segura, porque a gente tem certeza, assim, das palavras. [...] Quando a gente começa a ler, a gente começa a ter mais agilidade com as coisas, com as palavras, ter mais conhecimentos, né? E a leitura oral, assim uma leitura da vida, é muito restrita, eu acho. Você pode com a leitura, assim escrita, com a palavra, eu acho que o seu campo é mais aberto, você tem mais liberdade. (Gilvanete)

Esses fragmentos são apenas alguns exemplos de como, na ótica dessas professoras, existe uma expectativa positiva em relação aos leitores, que deveriam se diferenciar por desenvolver habilidades na área da comunicação, mas também por diversificar suas formas de pensar e até por adquirir hábitos e atitudes de maior valor moral. Como decorrência dessa perspectiva, distanciar-se desse padrão gera sentimentos de inadequação e de insegurança, o que acaba repercutindo na forma como essas professoras se posicionam no papel de mediadoras de leitura.

Ouvir as narrativas autobiográficas dessas alfabetizadoras e captar como pensam sobre leitura e sobre leitores, partindo de seus acervos pessoais, é, portanto, colocar uma ênfase no processo de auto-reflexão como um recurso formativo a mais nos processos de qualificação do trabalho de docentes. Mais especificamente, as memórias do processo de alfabetização também podem ajudar a conhecer melhor professores alfabetizadores e assim levantar novas perspectivas e estratégias em sua formação docente. É esse o tema da seção a seguir.

Memórias de alfabetizadores de jovens e adultos

Como parte do processo de formação inicial do grupo de 200 universitários de Pedagogia e outras licenciaturas, estudantes da Universidade Federal de Pernambuco que iriam atuar como alfabetizadores no Projeto Brasil Alfabetizado[2], os mesmos foram convidados a relatar suas memórias de alfabetização. Em seguida, foi solicitado que escrevessem um texto com alguma recordação que considerassem significativa da época em que foram alfabetizados.

A solicitação dessa atividade estava relacionada com uma das perspectivas adotadas nesse projeto, que era a de estabelecer uma aproximação entre as estratégias implementadas no processo de formação e aquilo que se esperava que os alfabetizadores realizassem em suas turmas com jovens e adultos. Assim, um tema comum vivenciado pelos alfabetizadores e que também compunha a proposta de conteúdos a serem tratados nas turmas de alfabetização foi a recuperação da "Trajetória de construção da identidade pessoal e social".

Dos textos recolhidos, foram analisados 33 relatos, nos quais foi possível identificar alguns campos mais tematizados e, neles, algumas tendências. Ao situarem algum fato marcante em seu processo de alfabetização, os alfabetizadores ora destacaram os métodos e materiais lidos na escola, junto com recordações da professora e seu modo de conduzir a leitura e escrita na sala de aula, ora se referiram às influências da família, estabelecendo um confronto entre a leitura e escrita naquele ambiente e o que ocorria na escola. Essas lembranças vieram acompanhadas de comentários apreciativos em pelo menos dois sentidos. Alguns agregavam ao relato das memórias suas opiniões sobre quais as melhores formas de alfabetizar, o que certamente faz parte do repertório que vêm adquirindo enquanto estudantes em processo de qualificação para a docência. Outros

---

[2] O projeto "Mobilização e alfabetização de jovens e adultos: rede de solidariedade para a cidadania" foi coordenado pela equipe do Centro de Educação da UFPE e promovido numa parceria entre a Secretaria de Educação do Recife, o Ministério da Educação e as universidades públicas de Pernambuco para ser executado no segundo semestre de 2003, tendo como meta a alfabetização de 10 mil alunos.

tentaram estabelecer relações entre o que foi vivido no processo de alfabetização e aquilo que pretendem realizar como alfabetizadores, valorizando as experiências pessoais como forma de conhecimento útil ao planejamento do ensino.

Apesar de ser um grupo eminentemente jovem e que foi alfabetizado no final dos anos 1980, início dos 1990, mais da metade deles fez referência a cartilhas como o único material de leitura disponível nas etapas iniciais de escolarização. Poucos mencionaram que as professoras liam regularmente livros de histórias infantis ou recitavam poesias como parte das aulas de alfabetização. A ausência do livro não se dava somente pela sua falta física, mas pelo fato de que ele, muitas vezes, não estava disponível para as crianças. Davi é enfático ao recordar que era excluído do acesso aos livros, embora existissem na biblioteca escolar:

> Certo dia, não sei lá por que motivo, tive de entrar lá (na biblioteca da escola), a essa altura já havia aprendido a ler, e eis que foi aquele momento como um instante mágico: existiam, ali pendurados em suportes plásticos, diversos livros que encheram meu olhar de um vivíssimo colorido. Eles eram lindos, cheios de figuras de animais, árvores e crianças. Quis que todos fossem meus, abraçá-los e levá-los. Mas por que estavam ali guardados? Todos estavam bem conservados, pareciam novos. Acho que nunca tinham sido lidos. Não conseguia entender direito por que eles ficavam ali guardados, por que não nos davam para ler.
>
> O fato é que, se fossem meus, certamente estariam todos em péssimo estado de conservação. Acho que por isso não emprestavam aos alunos. Dois anos mais passaria ali, porém, em minhas recordações, não consta que tivesse chegado a ler, na verdade eu nunca li. Contudo, nunca deixei de me maravilhar com aqueles maravilhosos livrinhos. E durante esses três anos, sei que eles sempre se mantiveram, inutilmente, em perfeito estado de conservação, ou, por outro lado, considerando-se a finalidade de livro: era imperfeito estado.

Quando se referem à forma como foram alfabetizados, recordam métodos centrados em estabelecer as correspondências entre som e grafia, partindo de letras e sílabas, sem o uso sistemático de textos. Em nenhum relato aparece qualquer menção a outras formas de alfabetizar quando esse processo ocorre na escola. Sendo assim, a proposta do projeto no qual se engajaram, que era de alfabetizar partindo da leitura de textos e recorrendo a uma multiplicidade de materiais impressos, não compõe o acervo de experiências pessoais desse grupo. Optou-se, então, por pontuar esse fato, no processo de formação desse grupo, como um recurso a mais na discussão acerca da diversidade de concepções de alfabetização e suas repercussões para o alfabetizando.

Junto com a descrição das estratégias e materiais utilizados na alfabetização apareceram também referências a um padrão autoritário de ensino, que tolhia a voz e a curiosidade da criança, inclusive em relação ao sistema alfabético. Alguns alfabetizadores agregaram ao seu relato uma apreciação crítica desse método de alfabetização, situando seus limites e repercussões negativas nos alfabetizandos:

> Fui alfabetizada em uma escola da zona rural, onde havia castigos por erros cometidos. Ao ser transferida para a zona urbana, a formalidade começou a ser estabelecida, mas continuava a mesma frieza na relação professor-aluno. Um dos pontos de inquietação nesse processo surgiu de uma indagação minha. A professora estava dando aula sobre ortografia (antes de p e b se escreve m), só que havia uma palavra vista numa propaganda de televisão que não se encaixava nestes critérios. A propaganda era de uma geléia de mocotó com a logomarca INBASA; aí eu perguntei à professora o porquê, mas ela fugiu do assunto ressaltando que a televisão só trazia bobagens. (Margarete)

Embora a predominância seja avaliar negativamente o modelo adotado por considerá-lo mecânico, descontextualizado e que desconsidera conhecimentos prévios das crianças, em alguns relatos, aparecem recordações positivas, em que predominam lembranças da curiosidade infantil em relação ao sistema da escrita e seu funcionamento:

> Era fascinante observar minha irmã conhecendo o mundo por meio da escrita. A capacidade que ela tinha em decodificar palavras, naquele processo de unir sons vocálicos e consonantais, era, para mim, um feito tão maravilhoso, tão fantástico que não me furtava em imitá-la, simulando que estava "lendo" os hinos da procissão do padroeiro, cantando fervorosamente, ou "deliciando-me" com a cartilha "Caminho Mágico", como se a capacidade de soletrar uma sílaba com sucesso tivesse o mesmo efeito de montar o mais difícil quebra-cabeça. (Jorge Luis)

O processo de rememoração parece operar, nesses casos, uma dissociação entre o que identificam como limites do que qualificam como um método tradicional de alfabetizar e o reconhecimento de que esse processo transcorreu de forma positiva na vida dessas pessoas. Em alguns relatos, como o de Alery, por exemplo, aparece uma preocupação em recuperar da experiência vivida enquanto aluna algo que sirva como referência para seu trabalho como alfabetizadora:

> Aprendi realmente no modelo tradicional lembro que completei a cartilha e treinei com frases e palavras desconectadas como: VOVÔ COMEU A UVA, fiz caligrafia e memorizei a tabuada. Na época achava tudo um pouco chato, mas havia, no ambiente em que vivia, outros fatores que me levavam a estudar de modo geral. É preciso que se reflita e discuta sobre o que podemos aproveitar do tradicionalismo, modelo em que fomos alfabetizados e que bem ou mal cumpriu seu objetivo, e o que devemos descartar. Como atuar no construtivismo, sem esquecer a sistematização e ficar perdido em meio às inovações e propostas lúdicas? (Alery)

Em confronto com a leitura escolar, outro aspecto comum, nesse grupo, é o fato de mencionarem suas mães, pais, avós, irmãos mais velhos e outras pessoas com as quais conviviam no ambiente familiar como influências marcantes no processo de alfabetização. Isso ocorre de duas formas distintas. Alguns lembram que havia um envolvimento direto da família na tarefa de alfabetizar ou que o ambiente doméstico gerava condições favoráveis para que esse processo fosse bem-sucedido. Por outro lado, os adultos que compõem o universo familiar também foram lembrados como contadores de histórias, como leitores modelo, como responsáveis pelo contato com diversos gêneros e como incentivadores da leitura.

Nesse sentido, as respostas dadas pelos alfabetizadores indicavam uma perspectiva de alfabetização que ia além da apropriação do sistema alfabético, já que aprender a ler e a escrever significava ser introduzido em determinadas práticas sociais que implicavam não apenas habilidades com um código, mas também a familiaridade com materiais, o desenvolvimento de gestos e atitudes e a realização de escolhas por parte dos leitores.

O fato de mencionarem essas funções e usos da escrita não significa, necessariamente, que esses educadores tenham clareza dessa distinção, sendo oportuno que esse tipo de discussão integre seu processo de formação para a docência. O que se constata, em outros estudos, é que a oportunidade de falar sobre si precisa ser agregada a momentos de reflexão compartilhada sobre essas recordações e seu significado para que, de fato, se torne um conhecimento válido para o planejamento do ensino.

No que se refere à relação escola-família, na maioria dos casos, a apropriação da escrita é contada como um processo natural e contínuo, vindo somente a confirmar uma expectativa positiva da família que espera de seus filhos uma inserção bem-sucedida na escola. A convivência com textos e com pessoas que lêem antecede a entrada na escola, o que reforça a naturalidade com que eles relembram o processo de alfabetização:

> Vivia entre livros; meus pais liam textos literários com freqüência para nós. Minhas tias traziam muitos textos infantis para nós, e era uma festa. Não lembro nada "muito particular" no meu processo de alfabetização; mas foi gratificante e rápido. Sentia avidez pela leitura, era muito estimulada em casa e na escola. (Maria de Fátima)

Muitos iniciam seu relato dizendo que não lembram como foram alfabetizados, tal a naturalidade com que o processo transcorreu:

> Apesar de ainda ter 19 anos, não me recordo de muitas coisas do meu tempo de alfabetização. Foi um período muito gostoso, em que aprendi, ou melhor, em que enxerguei claramente o sentido e o significado daqueles palitinhos, perninhas e bolinhas que chamávamos de letras. (Priscila)

Em alguns casos, essa naturalidade se expressa como uma dificuldade para identificar fatos marcantes nesse processo. Esse é, certamente, um aspecto que distancia a experiência vivida por esse grupo daquela encontrada usualmente em turmas de alfabetização de jovens e adultos. Esse distanciamento desafia em, pelo menos, dois sentidos. É preciso fazer um exercício de afastamento da experiência pessoal para reconhecer que, ao contrário do vivido e recordado, o processo de alfabetização pode ser marcado por muitas dificuldades e impasses. Além disso, é necessário desnaturalizar a alfabetização para poder compreender o papel ativo do aprendiz na construção de seu conhecimento sobre a linguagem escrita e a importância da mediação do educador nesse processo.

Embora a alfabetização em si não apareça, de um modo geral, como problemática nesse grupo de alfabetizadores, aparecem várias críticas à escola e ao modo de tratar esse objeto em seu trabalho de introduzir crianças ao mundo letrado, principalmente quando confrontada à forma como liam e escreviam na família. Um relato que revela uma oposição clara entre família e escola, não tanto no que se refere aos métodos mas quanto à delimitação territorial de quem é "dono" do processo de alfabetização, está presente no depoimento de Alexsandra:

> Desde pequena, eu tinha um quadro negro que, na verdade, era azul, quadrado, e, no canto inferior direito, trazia a figura do pato Donald, comprado e presenteado por minha tia Lena. Na tentativa de me alfabetizar, ela escreveu o meu nome: ALEXSANDRA, com letras maiúsculas, e pediu que eu copiasse.[...] O quadro ficou lá com o meu nome feito por mim para que todos vissem. Ao mostrar à diretora da escola onde eu estudava, ela foi repreendida. A diretora disse que isso poderia me causar problemas sérios futuros porque estava ultrapassando etapas, e isso competia à escola.

Mas essa oposição entre o modo como a leitura e a escrita eram praticadas no ambiente familiar e o que ocorria na escola também poderia ser quanto à forma como as crianças eram introduzidas nessas práticas, como revelou, por exemplo, Cacilda:

> Tive uma avó que era contadora de histórias. Eu ficava maravilhada com o seu jeito de conduzir as palavras. As histórias não tinham hora para acontecer: no almoço, à noite, antes de dormir, andando pela rua... Minha avó tinha pouca instrução, mas lia bem e tinha ótima caligrafia. Lembro que, mesmo sem que eu soubesse ler, me mostrava seu caderno de receitas, e eu ficava tentando imitá-la. Ela me mostrava livros velhos com muitas figuras de animais, pessoas em diversas situações ou mesmo desenhava. Quando comecei a freqüentar a escola, eu procurei olhar as figuras dos livros, mas a professora não me permitia, e eu não podia mais imaginar as histórias de que tanto gostava. Tinha que ler frases escritas no quadro negro e escrevê-las repetitivamente.

Uma outra dimensão do distanciamento entre família e escola aparece no relato de Édila, cujos pais analfabetos rompem com uma tradição familiar e limites pessoais em seu esforço para introduzir a filha no mundo letrado através da escola:

> O início de minha infância é marcado pelo sonho de ver eu e minhas irmãs numa sala de aula. [Meus pais] já conheciam suas dificuldades, pois vindo da zona da mata, não tiveram oportunidade de freqüentar a escola. Já que não precisávamos trabalhar, eu e minhas irmãs meninas não tínhamos esse direito, pois seríamos uma dor de cabeça para eles mais tarde. Porém, eles, negando sua formação e indo contra o conselho dos pais (meus avós), e dos mais velhos da família, sonhavam com nossa educação sistematizada e reconheciam as dificuldades que tiveram numa sociedade que os culpavam por não serem alfabetizados. Lembro de minha mãe que, sem saber ler, pegava nossas cartilhas e material escolar e começava aprender a ler para nos ensinar. Como ela tentava e se esforçava para ler uma história, para nos ensinar a matemática da sala de aula que fugia do conhecimento dela, mas, para nós, ela era nossa professora tão sábia, e só depois conseguimos ver suas limitações, e ela passou a ser nossa heroína. Por outro lado, estava meu pai se esforçando para que tivéssemos visão do mundo, e, por mais que tivesse em sala de aula um grito do professor ou um castigo por não fazer o dever de casa (quantas vezes fiquei de castigo por não conseguir fazer o dever, e meus pais não conseguiram me ensinar), estudar era um prazer, o prazer de conhecer as letras de descobrir o mundo, de saber que estava superando minha limitação. Era uma alegria quando conseguia fazer toda a tarefa e, no outro dia, de maneira tímida mostrar à professora.

Ao contrário da maioria dos relatos coletados, a história de Édila é de alguém que precisou superar obstáculos pessoais e familiares para ser introduzido no mundo letrado. Sua trajetória a aproxima, desse modo, do perfil que se espera encontrar em sua turma de jovens e adultos. A família, nesse caso, teve dificuldade de complementar as ações escolares voltadas à alfabetização não por uma oposição, mas por não dispor dos recursos e conhecimentos requeridos. Em seu relato, aparece uma perspectiva de gênero, além da questão do trabalho infantil na zona rural. Esse relato se assemelha a alguns colhidos durante as aulas com jovens e adultos nas turmas do Brasil Alfabetizado. Relatos coletados junto aos alunos de Rubenice e de Marta Regina, por exemplo, evidenciam as dificuldades enfrentadas para ter acesso à escola e para garantir uma continuidade nos estudos, levando, como conseqüência, à evasão escolar:

> Eu morava no interior, e meu pai não deixava estudar, e lá não tinha escola, só tinha trabalho na roça. Com dez anos me mudei para a casa da madrinha e passei a freqüentar uma escola, mas lá só tinha desfile e festa, e eu achava bom pois me divertia e não aprendia nada. O meu pai não me deixava estudar pois não queria que a gente escrevesse para namorado, então acabei largando a escola [...] Agora estou estudando e estou gostando dos estudos, mas nem sempre tenho tempo. (Josefa Maria)
>
> Maria Barbosa contou que, desde os sete anos, trabalhava no mato raspando mandioca e que andava uma légua para ir à escola e, por isso, não estudou quase nada.

Voltando ao depoimento de Édila, é interessante destacar, ainda, o fato de que sua mãe, apesar de não saber ler, aprendeu enquanto se esforçava para ensinar as filhas a lerem. Verônica contou uma história similar, lembrando que sua avó, analfabeta, a introduziu no estudo da cartilha de ABC:

> Aprendi a ler e a escrever fora da escola, aos cinco anos de idade. Minha avó era analfabeta e sempre quis me colocar na escola para que eu não terminasse como ela. Comprou então uma cartilha de ABC para mim e, como já conhecia as letras, começou a me ajudar dizendo o nome delas. Quando entrei na pré-escola, aos seis anos, já sabia ler e escrever, ao contrário dos meus

colegas que não sabiam. Como estava avançada, comecei a ajudar os alunos. (Verônica)

Para alfabetizadores de adultos, saber que é possível ser alfabetizado, em algum nível, por pessoas que têm pouca familiaridade com processos de leitura e escrita, pode ser um bom ponto de partida para discutir o que é ser analfabeto numa sociedade cujo nível de letramento permite diversas formas de inserção ou exclusão nos usos desse instrumental.

Dessas histórias de vida também pode ser destacada a dimensão social do processo de alfabetização, no sentido de compreender como diferentes segmentos sociais têm acessos distintos aos recursos do mundo letrado. Conhecer trajetórias de alfabetização que passam pela entrada tardia na escola, que são caracterizadas por interrupções, num processo lento de apropriação do sistema, e por sentimentos de inadequação ou conflito com o ambiente familiar, pode ser mais um recurso na formação docente, numa perspectiva de alfabetização como direito à inserção em contextos de letramento.

No depoimento de Cilene, também se evidencia que as crianças entram na escola com diferentes níveis de conhecimento acerca da escrita e que isso é um fator decisivo para o sucesso do processo, independentemente do método de ensino adotado. Ela relembra como o processo de alfabetização para ela foi lento, sofrido, mas também considera que a prática pedagógica da professora teve um papel decisivo para ajudá-la a superar os obstáculos enfrentados. Nesse relato, a origem social do aprendiz, bem como o contexto social mais amplo em que está inserido, aparece como fator relevante para compreender que trajetória será percorrida pelo alfabetizando:

> No interior a vida é mais árdua do que na cidade grande, no processo de alfabetização.
> Lembro-me e relembro-me de como era gostoso ouvir minha professora Marinete ler, isso na segunda série em caminho, e ainda não sabia ler nem decodificar.

> No processo de alfabetização na cidade de João Alfredo, agreste de Pernambuco, não havia uma prática pedagógica para o aluno ser inserido na alfabetização. Ele freqüentava, de início, sua vida escolar logo na primeira série sem ter conhecimento prévio da escrita, por meio da alfabetização, como nos colégios particulares.
>
> E assim entrei na primeira série sem saber o alfabeto, passando a segunda série também sem ainda ter o domínio da leitura e da escrita; não sabia ler nada. No entanto, na terceira série com a professora Marinete, desenvolvi a escrita e a leitura, uma vez que ambas caminhavam juntas.
>
> É memorável o quanto dona Marinete trabalhava a ciranda do livro, e aí comecei a ler. Em primeiro Vinícius de Morais com *A casa*, depois Ziraldo com *O menino maluquinho*. Não concluí a leitura, mas houve uma etapa na minha vida estudantil... Navegava, viajava nas placas de sinalização das estradas, caminhava para minha casa, depois da aula e nos gibis de Chico Bento, onde goiaba roubada era mais gostosa, assim como minha infância.

Por fim, pode-se destacar, nos relatos, a associação que algumas pessoas fazem entre experiências da infância e gostos, atitudes e condutas que permanecem na vida adulta. Mais especificamente, alguns associam essas experiências do passado a suas opções pelo magistério e atitudes como educadores:

> Parece que foi ontem... Lembro-me, com saudade, de quando minha mãe contava histórias; às vezes era no final da tarde, à "noitinha", na calçada em frente de casa... Ela começava: "entrou pela perna do pinto, saiu pela perna do pato, seu rei mandou dizer para eu contar um fato...". Então, dava início às histórias. O silêncio era total até o final.
>
> Nem sempre era no mesmo horário, nem sempre era ela que lia, às vezes era um de nós, porém ela dizia: "Cuidado com a leitura...Olha o tom da voz!...Ele disse assim? Tem certeza?..." Isso, às vezes, era na cozinha, enquanto ela cozinhava, nós líamos. [...]

> Minha mãe sempre me motivou a ler; desde a Bíblia a gibis e revistas, todos os gêneros.
>
> Hoje, lembro-me, com saudade, dela, mas me vejo imitando-a sempre que, ao reunir meus filhos, digo: "Atenção...Entrou pela perna..."
>
> É, parece que foi ontem... (Terezinha)
>
> Lembro-me dos tempos de infância, onde minha professora, ainda nos tempos dos educandários – era o nome dado às escolas de educação infantil – contava algumas historinhas. O que me marca até hoje são os trabalhos de contextualização utilizados após as atividades de leitura, confecção de bonequinhos de mamulengos feitos por nós com papel *marchê* e bolinha de gude e depois os ensaios para as pecinhas de final de semana. Até hoje gosto de teatro de mamulengos e de historias lúdicas; acho que foi por causa dessa vivência. (Fernando)
>
> Hoje sonho em ver minha mãe alfabetizada realizando o sonho de ser uma pedagoga, cuidando da educação infantil como ela cuidou da minha e das minhas irmãs com tanta garra. (Édila)

Novamente, vale ressaltar que o simples fato de estabelecerem essas associações não garante que estejam preparados para utilizar a experiência pessoal como recurso pedagógico. Por outro lado, o fato de serem convocados a relembrar e relatar experiências pessoais pode constituir oportunidade para revisitar o passado à luz do presente, agregando essa estratégia a outras adotadas nos processos de formação docente.

Histórias diferentes, desafios similares...

As trajetórias narradas por professores, particularmente daqueles envolvidos diretamente no processo de alfabetização, podem se tornar um recurso para que formadores compreendam como pensam esses profissionais e para intervir nos seus modos de praticar o ensino da leitura e da escrita. Para tanto, é importante que se ressaltem tendências, mas que se destaquem as singularidades que podem ser identificadas ao ouvir diferentes grupos.

Se é evidente que as histórias de leitura e de alfabetização de educadores pesquisados em países como Estados Unidos e Reino Unido são bastante distintas daquelas de professores brasileiros que atuam em etapas iniciais de escolarização, os dois estudos aqui relatados também evidenciam diferenças entre os relatos colhidos nesses grupos.

O contraste mais evidente está na forma como descrevem o ambiente familiar e suas influências no processo de alfabetização. Se, para o grupo de professoras pesquisadas, a entrada na escola constitui uma ruptura com os modos familiares de ler, no caso dos estudantes universitários envolvidos no Projeto Brasil Alfabetizado, ler na escola parece tão natural quanto é no ambiente doméstico.

Nos dois grupos, no entanto, a experiência com a escolarização da leitura é similar, embora as conseqüências da passagem pela escola sejam diferentes em termos da imagem de leitor que cada um elabora. No grupo de universitários alfabetizadores de jovens e adultos, predomina a formulação de críticas às formas escolares de praticar a leitura, que parece não atingir a imagem de leitores por eles construída. Já entre as professoras estudadas, o discurso escolar aparece com repercussões negativas para sua auto-imagem, mesmo quando reconhecem falhas nas formas escolares de ler.

Pode-se supor que esse diferencial diz respeito, entre outros fatores, às oportunidades de formação inicial desses educadores. Confirmando o que já foi identificado em estudos em outros locais no Brasil (SETTON, 1994), mais do que o fato de ter acesso ao ensino superior, a possibilidade de estudar numa instituição de maior legitimidade cultural parece repercutir num perfil diferenciado de leitor, que se mostra mais apto a se beneficiar do acesso à informação escrita e que tem um acervo mais diversificado de leituras do que aqueles que estudam em outras instituições ou mesmo que concluirão sua vida escolar no ensino médio.

Estamos diante de grupos de educadores com características diferentes no que concerne a seu perfil familiar e às oportunidades de formação profissional e que se assemelham quanto às lembranças escolares de leitura. O desafio para os formadores desses educadores é aproveitar essas similitudes e diferenças no debate sobre propostas que valorizam a história pessoal e o contexto como fatores relevantes na alfabetização.

Referências

ANDRÉ, M. et al. *Estado da arte da formação de professores no Brasil.* Educação & Sociedade, n.68, p. 301-309, 1999.

ANDRÉ, M. et al. *Análise de pesquisas sobre formação de professores: um exercício coletivo.* Psicologia da Educação, v.10/11, p.139-153, 2000.

BATISTA, A. A. G. *A leitura incerta: a relação de professores(as) de Português com a leitura.* Educação em Revista, n.27, p.85-103, 1998.

BRUNER, J. Frames for thinking: ways of making meaning. In: OLSON, D., ed. Modes of Thought: explorations in culture and cognition. Cambridge, Cambridge University Press, 1996. p. 93-105.

BUENO, B. A B. O. *Autobiografias e formação de professores: um estudo sobre representações de alunas de um curso de magistério.* São Paulo, 1996. Tese (Livre Docência) – Faculdade de Educação, Universidade de São Paulo.

BUTT, R.; RAYMOND, D. *Arguments for using qualitative approaches in understanding teacher thinking: the case for biography.* Journal of Curriculum Theorising. v.7, n.1, p. 62-95, 1987.

____.; TOWNSEND, D. ; RAYMOND, D. Bringing reform to life: teachers' stories and professional development. Cambridge Journal of Education, v. 20, n.3, p. 255-268, 1990.

CLEMENSTS, P. Autobiographical research and the emergence of the fictive voice. In: SOLER, J. CRAFT, A.; BURGESS, H., eds. *Teacher development: exploring our own practice*. London; Thousand Oaks; New Delhi, PCP, The Open University, p. 160-166, 2001.

CONNELLY, F.; CLANDININ, D.J. Relatos de experiencia e investigación narrativa. In: LAROSSA, J. *et al. Déjame que te cuente*. Ensayos sobre narrativa y educación. Barcelona: Laertes, 1995. p.11-59.

DIETZSCH, M. J. Imagens de leitura e escrita no diálogo com professoras. In: *Espaços da linguagem na educação*. São Paulo: Humanitas; FFCH/USP, 1999. p. 115-142.

DRAKE, C; SPILLANE, J.P.; HUFFERD-ACKLES, K. Storied identities: teacher learning and subject-matter context, Journal of Curriculum Studies, v. 33, n. 1, p. 1-23, 2001.

ELBAZ, F. The development of knowledge in teaching: what we can learn from the expert, the novice, and the 'experienced' teacher? In: KEMER-HAYON, L.; VONK, H. C.; FESSLER, R., eds. *Teacher professional development: a multiple perspective approach*. Amsterdam: Swets & Zeitlinger, 1993. p. 119-131.

GALLIMORE, R.; THARP, R. O pensamento educativo na sociedade: ensino, escolarização e discurso escrito. In: MOLL, L. C. *Vygotsky e a educação: implicações pedagógicas da psicologia sócio-histórica*. Porto Alegre: Artes Médicas, 1996. p.171-199.

GATTI, B. A.; ESPÓSITO, Y.; SILVA, R. N. Características de professores(as) de 1º grau: perfil e expectativas. In: SERBINO, R.V.; RIBEIRO, R.; BARBOSA, R.L.L.; GEBRAN, R.A., orgs. *Formação de professores*. São Paulo: Fundação Editora da UNESP, 1998. p. 251-263.

GOMEZ, M. L.; WALKER, A. B.; PAGE, M. L. Personal experience as a guide to teaching. *Teaching and Teacher Education*, n.17, p. 731-747, 2000.

HEATH, S. B. *Ways with words. Language, life and work in communities and classrooms*. Cambridge: Cambridge University Press, 1999.

KRAMER, S.; SOUZA, S.J. Leitura e escrita de professores: da prática de pesquisa à prática de formação. *Revista Brasileira de Educação*, n.7, p.19-41, 1998.

MORRISON, T. G.; JACOBS, J.S.; SWINYARD, W.R. Do teachers who read personally use recommended literacy practices in their classroom? *Reading Research and Instruction*, v.38, n.2, p. 81-100, 1999.

RIBEIRO, M.L.M. A condição do professor no Brasil de hoje: um estudo em São Paulo. In: SOARES, M.B. *et al. Escola básica.* Campinas: Papirus; CEDES; São Paulo, Ande, Anped, 1992. p. 183-188.

ROE, M. F.; VUKELICH, C. Literacy histories: categories of influence. *Reading Research and Instruction*, v. 37, n.4, p. 281-295, 1998.

ROSA, E. S. A leitura na vida de professoras: relatos, práticas e formação docente. Tese de Doutorado, São Paulo, Universidade de São Paulo, 2003.

SETTON, M. G. Professor: variações sobre um gosto de classe. *Educação e Sociedade*, n.47, p.73-96, 1994.

A construção da identidade de alfabetizadoras em formação

Maria Lúcia Ferreira de Figueirêdo Barbosa

A educação de jovens e adultos, sobretudo no que concerne ao ensino da alfabetização, requer um processo contínuo de atualização dos profissionais envolvidos em atividades de ensino. No Projeto Brasil Alfabetizado[1], esse processo foi desenvolvido ao longo de seis meses através dos encontros semanais dos alfabetizadores com os professores-formadores. As estratégias da formação centraram-se no estudo e discussão de textos teóricos, no planejamento das aulas a serem ministradas diariamente, durante duas horas, no Curso de Alfabetização de Jovens e Adultos; entre outras estratégias, temos análise de textos dos alunos, discussão sobre temas relacionados

---

[1] Trata-se do Projeto "Mobilização e Alfabetização de Jovens e Adultos: rede de solidariedade para a cidadania" realizado em parceria entre a Prefeitura Municipal do Recife, Universidade Federal de Pernambuco, Universidade Federal Rural de Pernambuco, Universidade de Pernambuco. Os alfabetizadores envolvidos nesse programa são alunos das diferentes licenciaturas das três universidades parceiras e recebem a formação em sua instituição de origem.

ao ensino de jovens e adultos, discussão a partir de programas em vídeo, palestras com convidados externos. Durante os encontros de formação, muitas questões foram trazidas pelos formandos e tornaram-se parte do processo formativo. No debate semanal, sugiram, concomitantemente aos problemas específicos do processo do ensino-aprendizagem da leitura e da escrita, reflexões dos alfabetizadores acerca do que, para eles, representa ser um alfabetizador e acerca do que representa o desafio de aprender a ler e escrever para os alfabetizandos.

Este movimento, na formação, para além dos processos do ensino-aprendizagem da leitura e da escrita, reflete a complexidade da alfabetização a que Soares (2003, p. 18) se refere quando usa as expressões "complexidade e multiplicidade de facetas" para explicar o porquê de a alfabetização ser estudada por profissionais tão diferentes, de modo a resultar em um corpo de conhecimento fragmentário. Certamente, os alfabetizadores e as alfabetizadoras em formação são afetados pelas diferentes facetas desse processo complexo e multifacetado, cujo sucesso ou fracasso coloca em xeque a sua identidade de professor.

Este trabalho centra-se em avaliações de alfabetizadoras participantes do projeto acima mencionado acerca dos desafios encontrados por elas no ensino da alfabetização de jovens e adultos, da forma como elas se vêem enquanto professoras desse público-alvo, do modo como elas definem o alfabetizando jovem e adulto; e, por fim, do ponto de vista delas, acerca de como os aprendizes se vêem durante todo o processo da alfabetização.

O objetivo do estudo é resgatar questões apresentadas, de forma recorrente, pelas alunas-docentes em formação, cuja temática evidencia os desafios e as dificuldades vivenciados por elas no ensino da alfabetização de jovens e adultos. Algumas dessas questões destacaram-se durante o processo formativo e assumiram um papel importante na constituição da identidade das professoras. Com vistas a recuperá-las, elaboramos uma entrevista destinada a sete alfabetizadoras, cuja formação foi recebida na Universidade Federal de Pernambuco, em virtude de as entrevistadas estarem matriculadas em alguns cursos de licenciatura dessa instituição. Foram-lhes destinadas, assim, quatro perguntas, a saber:

1. Quais foram os maiores desafios encontrados por você no Curso de Alfabetização de Jovens e adultos?
2. Como você se vê enquanto alfabetizadora de jovens e adultos?
3. Como você define o alfabetizando jovem e adulto?
4. Como os alfabetizandos se vêem durante todo o processo de ensino e aprendizagem da escrita?

As respostas a essas perguntas não apenas confirmaram as nossas expectativas de que as alfabetizadoras resgatariam questões levantadas reiteradamente durante a formação, mas também revelaram estratégias utilizadas por elas na solução cotidiana dos conflitos e tensões surgidos desde o início do Curso de Alfabetização.

A análise das respostas nos mostrou que as professoras vivenciaram experiências idênticas no processo do ensino-aprendizagem da alfabetização de jovens e adultos, bem como se defrontaram com desafios parecidos, mas demonstrou também que, para cada uma delas, a experiência de ensinar adultos tornou-se única porque exigiu a construção e a reconstrução de suas identidades conjuntamente à construção das identidades dos alfabetizandos.

À luz das entrevistas concluímos que essa construção deu-se com base em processos interacionais vivenciados entre as alfabetizadoras e os alunos, de forma desafiadora e até conflitante para ambos. É com base nesse processo desafiador da constituição das identidades dos sujeitos envolvidos em práticas de Alfabetização e Letramento que Kleiman (2002a, p. 281-282) conceitua identidade como um conjunto de elementos dinâmicos e múltiplos da realidade subjetiva e da realidade social, que são construídos na interação. A construção das identidades é constitutiva da realidade social das práticas discursivas, como a construção de relações sociais entre os falantes e a construção de sistemas de conhecimentos e crenças (ver FAICLOUG, 1992). As identidades são (re)criadas na interação e por isso podemos dizer que a interação é também instrumento mediador dos processos de identificação dos sujeitos sociais envolvidos numa prática social.

Outras autoras como Magalhães (2003), Dutra (2003) e Santos (2003) situam também a noção de identidade no contexto do ensino das práticas de letramento e mostram como a construção das identidades é mediada através das práticas discursivas da escrita.

Para nós, a definição de identidade explicitada por Kleiman é pertinente à medida que nos fala do caráter dinâmico da construção identitária, bem como da mediação dessa construção através de práticas sociais utilizadas pelos sujeitos no seio das interações sociais. Essa visão da identidade como algo que não é fixo nem imutável, mas sim como algo que pode ser construído ao longo dos processos sociodiscursivos, vem sendo defendida por autores como Ragajopolan (2002), Votre (2002), Lopes (2003), Lopes e Bastos (2002), em debates recentes sobre o tema.

Vejamos, a seguir, quais foram as principais dificuldades apontadas pelas entrevistadas em relação à alfabetização de jovens e adultos e quais foram as estratégias utilizadas por elas com vistas a solucionar conflitos e tensões suscitados no cotidiano da sala de aula. Observemos também como as pesquisadas se vêem enquanto alfabetizadoras de jovens e adultos e que concepção têm desses aprendizes; e, por fim, verifiquemos o que elas dizem sobre o modo como os alfabetizandos se vêem ao longo do Curso de Alfabetização. Para tanto, analisaremos as respostas das formandas às quatro perguntas que lhes foram direcionadas durante a entrevista, lembrando que algumas dessas respostas retomam questões já respondidas pelas professoras anteriormente.

Como as alfabetizadoras vêem os desafios da alfabetização de jovens e adultos

A resposta à primeira pergunta retoma questões trazidas pelas próprias formandas durante os encontros da formação. A auto-estima dos alfabetizandos, por exemplo, é citada pelas professoras como um dos desafios a serem superados durante o processo do ensino-aprendizagem da escrita no Curso de Alfabetização de Jovens e Adultos. Segundo a professora Vânia Maria das Chagas, um dos maiores desafios "foi o de mobilizar primeiro a turma e convencer os alunos de que ainda há tempo para estudar, que eles têm, sim, capacidade para aprender, tendo que trabalhar a auto-estima da mesma[2]".

Esse excerto é ilustrativo da necessidade de se considerar questões que, na formação de alfabetizadores de jovens e adultos, apreendam a abrangência do processo de alfabetização. Soares (2003, p. 18) relaciona essa abrangência a diferentes facetas ligadas às "perspectivas psicológica, psicolingüística, sociolingüística e propriamente lingüística do processo". Reconhece também o quanto elas repercutem na formação do alfabetizador.

A resposta de Vânia Maria não apenas mostra os desafios enfrentados por uma alfabetizadora de jovens e adultos, mas também revela a influência de fatores exteriores à aquisição de habilidades ligadas à leitura e à escrita, que se revelam nas práticas discursivas dos não-alfabetizados. Magalhães (2003, p. 201) demonstra que essas práticas refletem a

---

[2] As respostas das entrevistadas estão sendo ilustradas de acordo com a redação das autoras.

"imagem que o não-alfabetizado tem de si em relação ao grupo de alfabetizados, uma imagem marcada pela falta de auto-estima e pela insegurança".

A baixa auto-estima e a insegurança dos alfabetizandos jovens e adultos foram denunciadas também por Maria Corina da Conceição, outra alfabetizadora do projeto. Segundo ela,

> o maior desafio do projeto foi fazer com que os alfabetizandos acreditassem que eram capazes não só de aprender a ler e a escrever, mas também de ser autores e diretores do seu próprio destino, da construção da história, da sociedade. Parece-me estar aí o grande nó da questão.

O exemplo acima, além de revelar aspectos ligados à auto-estima dos aprendizes jovens e adultos, serve para mostrar desafios presentes nas dimensões sociohistórica e ideológica da alfabetização. A entrevistada, que, sempre em momentos da formação, se reportava à Pedagogia freiriana, retomou claramente idéias do pensamento de Paulo Freire para assinalar outros desafios que ela encontrou no Curso de Alfabetização de Jovens e Adultos:

> Ele se ver como sujeito histórico e social é fundamental para querer aprender a ler e escrever. Outro desafio importante foi a negociação com eles, em relação às concepções de educação deles e a nossa. A atuação política deles, nos problemas do dia-a-dia, de como eles podem intervir nas situações do cotidiano, o que gerou conflitos na sala e que tínhamos que negociar o nosso fazer pedagógico nas aulas.

Na resposta acima, a docente se refere a momentos de conflito com os seus alunos quando afirma que "outro desafio importante foi a negociação com eles, em relação às concepções de educação deles e a nossa". Observamos que a concepção de educação da entrevistada inclui a noção da alfabetização para além da aquisição mecânica da leitura e da escrita, se opondo, desse modo, ao modelo tradicional arraigado nas idéias dos alfabetizandos. Nesse sentido, a escrita é, para ela, uma prática discursiva e, como prática discursiva, está aberta a negociações. Logo, é notável o fato de que Maria Corina reconhece e aceita o conflito como sendo inerente ao processo da interação social, sobretudo no que se refere às interações entre indivíduos de grupos letrados e não-letrados.

O desafio enfrentado por essa alfabetizadora serve para chamar a atenção daqueles que trabalham mais diretamente com alfabetização de jovens e adultos, tanto alfabetizadores como formadores, para a importância de se discutir os aspectos conflitantes presentes no contexto sociointeracional da sala de aula. O conflito é constitutivo das práticas discursivas que mediam o ensino-aprendizagem da leitura e da escrita, em função de alfabetizadores e alfabetizandos pertencerem a grupos socioculturais cujos níveis de apropriação das ferramentas e tecnologias da escrita são diferentes. Um processo de alfabetização que, por exemplo, se centra na perspectiva do alfabetizador serve apenas para substituir as práticas discursivas dos aprendizes pelas práticas discursivas do professor. A esse propósito, veja o que Kleiman (2003, p. 49) diz:

> A interação na aula de alfabetização de jovens e adultos é potencialmente conflitiva, pois nela se visa ao deslocamento e substituição das práticas discursivas do aluno por outras práticas, da sociedade dominante.

A formação do alfabetizador pressupõe a conscientização da importância de o processo do ensino-aprendizagem da escrita não se deter apenas nas práticas discursivas do grupo sociocultural a que pertence o professor. Caberia a este abrir o espaço da sala de aula às práticas discursivas dos seus alunos, tendo em vista que eles já acumularam uma bagagem significativa de conhecimento acerca da escrita antes de freqüentarem a escola. Não se trata, aqui, de impor limites ao acesso dos alunos às práticas da escrita da sociedade mais ampla, mas sim de oferecer-lhes oportunidade para que suas interações sejam mediadas tanto pelas práticas discursivas do seu grupo social quanto pelas práticas dos grupos sociais detentores da escrita. É nessa perspectiva de ensino que a escrita se concretiza, de fato, como uma prática discursiva que amplia as interações sociais dos indivíduos que dela se apropriam. A escrita cria, assim, possibilidades de novas relações sociais e, sobretudo, media essas relações (MAGALHÃES, 2003).

A professora Maria Corina demonstrou que viveu, passo a passo, o desafio de se descentrar do seu ponto de vista "letrado" para oferecer condições a seus alunos de se manifestarem a partir de práticas discursivas cujas referências seriam identificadoras do grupo social a que pertencem.

Esse ambiente de compartilhamento dos pontos de vista dos atores sociais envolvidos na situação de ensino-aprendizagem da leitura e da escrita, na ótica das entrevistadas, foi tão importante quanto o trabalho diretamente ligado aos aspectos da reflexão fonológica acerca dos princípios de notação alfabética, das práticas de leitura e de escrita com base em conceitos como gêneros textuais e letramento, porque serviu para resgatar a autoconfiança dos aprendizes. Certamente, sem acolhimento interacional, as experiências dessas alfabetizadoras haveriam de repetir o amargo insucesso de outros Programas Nacionais de Alfabetização de Jovens e Adultos[3].

Como as entrevistadas se viam enquanto alfabetizadoras de jovens e adultos

A forma como as entrevistadas se viam enquanto alfabetizadoras de jovens e adultos reforçou a idéia de que, concomitantemente

---

[3] Não estamos nos referindo a nenhum Programa de Alfabetização em particular, mas reconhecendo o quanto temos ainda de avançar em relação à Alfabetização de Jovens e Adultos no sentido de respeitar as práticas discursivas dos alfabetizandos.

à formação e à regência no Curso de Alfabetização de Jovens Adultos, haveria um processo de construção da identidade das professoras. É na dinâmica das práticas interativas da sala de aula que as docentes constroem a sua identidade de alfabetizadora. Elas referiam-se às relações com os alfabetizandos como sendo uma fonte de aprendizagem e, às vezes, viam-se como um ser limitado em busca de conhecimentos em relação à Educação de Jovens e Adultos. O exemplo a seguir, extraído da resposta de Vânia Maria à segunda pergunta, demonstra como essa entrevistada se vê como uma aprendiz no cotidiano de suas interações com os alunos:

> Como alfabetizadora de jovens e adultos sou aprendiz todos os dias. Aprendi muito nessa relação com os alfabetizandos a ser mais tolerável, mais compreensiva, e a negociar com eles. Perceber minhas limitações e as limitações deles como também a ampliação de conhecimentos em relação à alfabetização na EJA.

O trecho acima ilustra o modo como a identidade das alfabetizadoras está em constante relação com suas experiências em sala de aula, devendo, por isso, ser discutida durante a formação, uma vez que esta tem o papel de contribuir para que os formandos superem os desafios, quer estes estejam ou não diretamente relacionados ao processo-ensino-aprendizagem da alfabetização. No que concerne aos desafios ligados ao processo do ensino-aprendizagem da leitura e da escrita, a discussão dos princípios teórico-metodológicos foi importante paras as formandas, conforme a resposta da professora Ana Gabriela:

> A partir desta primeira experiência percebo a alfabetização como um processo lento e complexo. Percebo-me como um profissional com um desafio à sua frente (alfabetizar), mas com armas, talvez imperfeitas ainda, para isso (conhecimentos teóricos construídos).

A expressão "conhecimentos teóricos construídos" assume o significado de atribuir importância aos princípios teóricos, adotados na formação dos alfabetizadores, explicitados no documento do Projeto Brasil Alfabetizado conforme o excerto a seguir:

> Apesar de reconhecermos a necessidade de organizar situações de aprendizagem e apropriação dos gêneros textuais como eixo central do ensino, concebemos que o domínio do funcionamento do sistema alfabético, que possibilita ao aluno um engajamento autônomo nos eventos sociais mediados pela escrita, precisa ser colocado também como objetivo didático. Assim é fundamental delimitarmos os princípios de construção desse conhecimento complexo e necessário no processo de escolarização. (UFPE, 2003, p. 8)

A expressão "imperfeitas ainda" se refere também aos conhecimentos teóricos que embora sejam definidos como "armas" que amenizam as dificuldades enfrentadas pela alfabetizadora no processo da alfabetização, não são objetos de fácil apropriação pelas formandas nem são fáceis de serem transpostos didaticamente no cotidiano do ensino da leitura e da escrita.

Rachel Menezes, outra entrevistada, mostra que a identidade de uma alfabetizadora é, de fato, construída em situações de grande conflito, na interação com alunos, às vezes, desconfiados diante de uma professora muito jovem, como é o seu caso. Para ela, recorrer a modelos como professores experientes ajudou-a a construir a identidade que deseja para si, mas teve consciência "da longa estrada pela frente":

> Nunca havia ensinado a alunos adultos antes. Se o aluno mais jovem de outras escolas, muitas vezes, desconfiava de meu trabalho porque eu tinha 23 ou 24 anos, imagina o aluno adulto! Fui privilegiada, pois, nas primeiras semanas, porque pude ser acompanhada por professores da prefeitura. O lugar onde lecionei, também foi privilegiado: Estação do Saber – Brasília Teimosa. Observei uma professora dando aula, e fui observada também. Na primeira semana, pensei que

não tinha jeito para a EJA. Não me via como professora de adultos. A professora que me orientou tinha, realmente, um "trejeito"de professor. A imagem dela era incrível! A sua segurança nem se fala! Ela abria a boca para sair a letra "A"...que eu precisaria treinar muito tempo o "A", para sair com segurança, na frente do espelho. Ela apontava para a sílaba da palavra e marcava, por exemplo, o "A" com uma maestria magnífica. Parecia que suas mãos bailavam no ar quando apontava para a palavra escrita no quadro. Fazia relação com vários objetos e fatos. A forma como ela andava na sala não escondia a sua identidade de professora. Ela se equilibrava muito bem em seu sapato alto. Ela me fez lembrar muito bem de uma professora do Ensino Médio que eu admirava. Achei que, nesse momento, percebi que havia, ainda, uma longa estrada pela frente. Tinha certeza de que os alunos não se acostumariam comigo, pois eu mesma precisava da imagem da minha primeira professora para me ver como professora. E olha que, nessa época, eu já estava no último semestre de Letras, prestes a me formar. Até os defeitos da professora me eram bonitos quando a observava dando aula. Gostaria de ser tão segura quanto ela naquele instante! Penso que me vi como alfabetizadora quando os meus alunos também me viram como tal.

Observamos que a construção da identidade de um alfabetizador é conflitante em vários aspectos: no sentido da sua interação com os aprendizes, na procura de apropriar-se das ferramentas teóricas e metodológicas atuais e pertinentes para o ensino da leitura e da escrita, na busca de apreender modelos que lhes aproximem das ações mais cotidianas do ambiente da alfabetização, como as reveladas através dos "trejeitos" próprios de uma professora observada por Raquel, na vivência das memórias cujas referências de uma ex-professora contribuem agora para a construção da sua própria identidade de alfabetizadora. Esta identidade é, pois, mediada não só pela interação com atores sociais presentes no ambiente da alfabetização, mas também pelas experiências escolares que o próprio professor mobiliza conscientemente[4]. Mas, antes de tudo, a identidade do alfabetizador é construída conjuntamente com a identidade dos alfabetizandos, uma vez que depende destes o reconhecimento do professor. É nessa dinâmica que Rachel se viu como alfabetizadora de jovens e adultos, e só se considerou assim quando os seus alunos a "reconheceram como tal".

Como as alfabetizadoras definem o alfabetizando jovem e adulto

As respostas à terceira pergunta mostram a concepção das alfabetizadoras em relação aos educandos jovens e adultos. Rachel, por exemplo, vê os alunos como

> um educando experiente, um sujeito que constrói a sua história, que tem seus objetivos definidos e um interlocutor potencial que se inscreveu neste projeto porque, por alguma razão, não pôde ou não teve acesso à tecnologia da escrita.

Essa visão do sujeito alfabetizando mostra a sensibilidade dessa alfabetizadora quanto à adoção de uma prática de ensino de leitura e escrita que leve os alunos a perceberem a legitimidade das estratégias utilizadas por eles no cotidiano de suas práticas discursivas. A esse propósito, afirma o documento do Projeto Mobilização e Alfabetização de Jovens e Adultos – rede de solidariedade para a cidadania:

> os não-alfabetizados desenvolvem, portanto, diversas estratégias para lidar com situações em que a escrita está presente na sociedade e o educador precisa reconhecer tais estratégias como legítimas (*op. cit.*, p. 7).

---

[4] ROSA (2003) mostra que, em seus relatos biográficos, os professores tendem a associar as suas práticas pedagógicas a memórias e a experiências escolares prévias.

Um outro aspecto digno de menção na resposta de Rachel diz respeito ao fato de ela atribuir as limitações dos alfabetizandos à falta de acesso à "tecnologia da escrita", à esfera das desigualdades sociais, distanciando-se da idéia de que essas limitações são de ordem cognitiva. Nesse sentido, a entrevistada nos remete ao embate entre diferentes visões teóricas que se opõem quanto à noção de escrita. Essas visões são confrontadas em Marcuschi (2001, p. 29) à medida que esse autor faz um levantamento crítico de diferentes estudiosos da escrita. Olson (1977), por exemplo, representa, entre outros estudiosos, a visão culturalista, segundo a qual a escrita acarreta avanços na capacidade cognitiva dos indivíduos de culturas letradas, enquanto Biber (1988) representa o ponto de vista contrário de que a escrita não possui valor intrínseco absoluto, ou seja, nenhum indivíduo que tenha se apropriado do sistema da escrita alfabética pode ser considerado cognitivamente mais desenvolvido do que indivíduos não-alfabetizados. É nesta última perspectiva que se enquadra a resposta da professora Rachel, que vê o alfabetizando adulto como um "educando experiente"; logo, esse aprendiz traz consigo um conjunto de conhecimentos que independem de ter ou não aprendido a escrita.

A concepção do jovem e adulto como alguém que tem experiência é expressa também por Maria Corina do seguinte modo: "[...] É um sujeito capaz de compreender e intervir; criar e recriar soluções de situações surgidas no seu cotidiano. E, por isso, capacitado a ler e escrever [...]".

Sabemos que as concepções preconceituosas sobre indivíduos não-alfabetizados são mais correntes em nossa sociedade do que as concepções apresentadas acima por Rachel e Maria Corina. É por isso, talvez, que ambas as professoras tenham sido tão enfáticas em suas respostas quanto à capacidade de os alfabetizandos aprenderem a ler e a escrever. Certamente, as duas educadoras desejam marcar a sua discordância em relação às visões estereotipadas dos aprendizes. A questão da concepção de alfabetizando jovem e adulto revela a dimensão política constitutiva do processo da alfabetização (SOARES, 2003). Essa dimensão institucionaliza alguns preconceitos em relação aos indivíduos não escolarizados. Ratto (2003, p. 269) mostra, por exemplo, que as próprias instituições governamentais reforçam, às vezes, imagens negativas atribuídas aos não-alfabetizados pela sociedade.

> As próprias propagandas de campanhas de chamamentos a programas institucionais de educação usam o estigma de sujeito menor como argumento para a construção do significado do papel e do lugar do não-escolarizado na nossa sociedade.

Como exemplo de estereótipos do alfabetizando como sujeito menor, Ratto (*op.cit.*, p. 270) ilustrou o seguinte texto que foi veiculado em uma propaganda institucional brasileira em 1992:

> Todo ser humano para ser totalmente humano
> precisa de educação e instrução
> esse é um direito que nunca deve ser negado
> porque todas as vezes que esse direito é negado
> um ser humano não é mais humano.

A formação das alfabetizadoras, com base em princípios ético-filosóficos e teórico-metodológicos, assumiu uma concepção de alfabetizando contrária a essa da propaganda, em cujas entrelinhas os não-alfabetizados são comparados evolutivamente a um primata. Concordamos sim com Paulo Freire (2001, p.11) em relação à brilhante afirmação:

> A leitura do mundo precede a leitura da palavra, daí que a posterior leitura desta não pode prescindir da continuidade da leitura daquele. Linguagem e realidade se prendem dinamicamente.

Foi em uma visão do alfabetizando jovem e adulto como um ser que já fez várias leituras da realidade que se apoiaram as alfabetizadoras Rachel e Maria Corina. Marca também a formação, e em particular as respostas dessas professoras, a concepção do educando jovem e adulto como alguém que não pode ser minimizado quanto às suas capacidades intelectivas, uma vez que a escrita não confere a seus usuários superioridade cognitiva, como sugere o texto da propaganda ilustrado acima. Há ecos freirianos nas respostas analisadas, assim como ecoam também os princípios teórico-metodológicos ligados à Psicogênese da Língua Escrita (FERREIRO, 1985), ao Letramento (KLEIMAN, 2002a, 2002b, 2003), à relação fala e escrita (MARCUSCHI, 2001).

Como os alfabetizandos se viam durante todo o processo ensino-aprendizagem da escrita na visão das alfabetizadoras entrevistadas

A forma como os alunos se viam enquanto aprendizes da escrita era reveladora da construção da identidade desses sujeitos em um espaço de alfabetização e letramento. O que significa aprender a ler e a escrever para os educandos jovens e adultos? Quando questionados a esse respeito, os próprios aprendizes (alunos de algumas entrevistadas) se reportaram a imagens bastante negativas de si mesmos antes de ingressarem no aprendizado da escrita. Essa imagem reflete a reconstrução da identidade do alfabetizando adulto em meio a conflitos e tensões peculiares ao contexto da alfabetização e letramento (KLEIMAN, 2002a; BARBOSA, 2004). Observe como um dos alunos, da alfabetizadora Maria Corina, se auto-avaliou em relação à imagem que ele tinha de si mesmo antes e depois do seu ingresso no Curso de Alfabetização:

> Entrevistado: M. V. S., encarregado de Serviços Gerais, 49 anos[5]

---

[5] Esse exemplo foi extraído do *corpus* da pesquisa A Identidade Sócio-Discursiva de Alfabetizandos Jovens e Adultos, desenvolvida por mim e cujos dados estariam sendo coletados em algumas salas do Projeto Brasil Alfabetizado.

> Entrevistadora: *como é que o senhor se sente, hoje, aprendendo a ler e a escrever?*
> Entrevistado: *hoje eu me sinto melhor...[6] pra mim eu dei um pulo na vida...hoje pra mim eu to: muito... eu tô muito contente...porque: eu tô aprendendo a ler e a escrever...tô me realizando no que eu tinha desejo e tinha vontade... é isso que eu tenho hoje pra dizer...porque antes de eu saber eu não era como eu sou agora...hoje sou outro...agora sou outro...não sei ler direito ainda mas já conheço alguma coisa...quer dizer...eu já me saio.*
> Entrevistadora: *o senhor disse que não é mais como era antes*
> Entrevistado: *hum, hum*
> Entrevistadora: *como é que o senhor era antes?*
> Entrevistado: *porque antes eu não sabia de nada né? E hoje eu sei...de alguma coisa...tô aprendendo ainda...mas já posso dizer que tô muito diferente do que eu era antes... muito melhor do que eu era antes.*

É notória a forma como esse entrevistado se auto-deprecia ao se referir à imagem que tinha de si no passado, "antes eu não sabia de nada, né?" (refere-se ao período antes da alfabetização), para, logo depois, investir em uma auto-avaliação positiva quando se refere à imagem que tem de si após ter se inserido no aprendizado da escrita: "hoje eu sei de alguma coisa", "tô muito diferente do que eu era antes", "tô muito melhor do que eu era antes". Observamos aqui uma gradação no sentido da força argumentativa dessa resposta, que vai de um argumento mais fraco para outros mais fortes: "sei de alguma coisa", "tô muito diferente", "tô muito melhor". Do ponto de vista discursivo, considera-se que essa gradação serve para

---

[6] A transcrição dessa entrevista foi realizada com base no Sistema Mínimo para Transcrição do Material do NURC elaborado por Luiz Antônio Marcuschi – UFPE. No exemplo analisado, observamos o uso de três pontos para indicação das pausas de micro e média duração e o uso de dois pontos para o alongamento breve de vogais.

marcar diferenças no modo como o entrevistado se vê antes e depois do aprendizado da escrita.

Se confrontarmos a resposta desse pesquisado com a resposta da sua professora (Maria Corina) à pergunta: "Como os alfabetizandos se vêem durante todo o processo de ensino-aprendizagem da escrita?", veremos que a resposta da alfabetizadora ratifica a idéia de que o aprendizado da escrita media a reconstrução da identidade dos aprendizes. Eis o que diz Maria Corina:

> Os alfabetizandos sofrem muito quando decidem ou são chamados a aprender a ler e a escrever. Eles entram em conflito porque, ao mesmo tempo em que querem aprender, esbarram no medo, na insegurança de estar em "terreno desconhecido", e, como todo mundo, o que é desconhecido nos mete medo. Este é provocado por uma internalização da cultura de classe, de subserviência e de submissão. Ainda assim, duvidam, quando se deparam com um querer que entra em confronto com um não querer ousar, com o medo de arriscar, e isso faz com que eles recuem, não acreditem com mais firmeza que possam aprender. Eles sentem que podem e que não podem ao mesmo tempo, e esse processo provoca reações diversas; ou eles ousam fazer o que o alfabetizador pede, do jeito deles, ou eles dizem que não sabem. Nesse não sabem, porém, existe a conotação da autodefesa, por eles não aceitarem que podem errar. Pois, geralmente, o referencial de suas tomadas de decisão está baseado na dicotomia do certo ou errado, e não na possibilidade de aprender construindo.

A resposta se refere a uma identidade que é reconstruída com base em conflitos, em uma divisão entre "um querer" e um "não querer ousar", pois os aprendizes "sentem que podem e que não podem ao mesmo tempo". Levando-se em consideração que a construção de identidades sociais não se dá à margem das interações sociais entre os sujeitos nela envolvidos, é compreensível que Maria Corina, a partir do seu ponto de vista de alfabetizadora, avalie os seus alunos como sujeitos divididos em relação à forma como se vêem. De forma geral, as respostas dessa alfabetizadora demonstraram que ela se aproximou de tal forma dos educandos, a ponto de interagir com eles por meio de um discurso que contribuiu para que os aprendizes desconstruíssem a imagem que têm de si e, em conseqüência, construíssem uma identidade compatível com as suas expectativas[7].

Qualquer que seja a expressão utilizada para referir-se ao modo como os alfabetizandos se vêem, quer a designemos como "baixa auto-estima" ou "imagem negativa", como temos feito neste estudo, ela revelará sempre um sentimento devastador na visão dos alfabetizandos e dos alfabetizadores também. É por isso que Débora Amorim, uma outra alfabetizadora entrevistada, fala da vergonha com que os seus alunos se apresentam ao chegarem à escola. Segundo ela,

> com uma auto-estima baixa, sentem-se envergonhados, muito inseguros para falar, às vezes sabem responder alguma questão, mas ficam calados, com medo de errar. No desenrolar do curso vão adquirindo confiança, intimidade com o alfabetizador, com os amigos, e paulatinamente os percebemos com uma certa autonomia em sala de aula.

A análise dessas entrevistas nos mostra como é importante estabelecermos um processo de contínua interação entre a formação e os formandos através de práticas discursivas que resgatem as experiências dos alfabetizadores em suas salas de aula. Nesse sentido, o relato oral das experiências das formandas se constituiu como uma estratégia decisiva para que pudéssemos evitar possíveis rupturas entre a formação e a prática de ensino das alfabetizadoras. É nesse sentido que entrevistamos as professoras seguindo um *script* com perguntas cuja formulação centrou-se nas discussões mais marcantes do processo formativo das entrevistadas.

---

[7] Segundo GOMES DE MATOS (1998), os professores devem considerar as expectativas dos seus educandos com base em uma Pedagogia da Positividade.

Conclusão

Durante a análise das entrevistas, percebemos a riqueza dos depoimentos das alfabetizadoras; reconhecemos, assim, que a formação contribuiu de forma decisiva para que as formandas se apropriassem dos princípios teórico-metodológicos relacionados à Psicogênese da Língua Escrita, ao Letramento e aos Gêneros Textuais. O estudo de bons textos é imprescindível à formação; sem ele, o trabalho com a alfabetização tenderia a soluções extremamente práticas, ineficientes do ponto de vista do processo do ensino-aprendizagem. Porém, o resgate das experiências trazidas na bagagem "sociocultural" das formandas pareceu influenciar não só a sua prática de ensino de leitura e escrita como também o próprio processo formativo. Acreditamos que o fato de as formandas serem alunas de cursos como Letras, Pedagogia, História, Filosofia contribuiu para que elas mobilizassem práticas discursivas que se ajustassem a uma visão da alfabetização como um processo "complexo e multifacetado". Mesmo assim, sentiram-se inseguras diante do desafio de alfabetizar jovens e adultos, pois viram que estava sendo colocada em xeque a sua identidade de alfabetizadora. Praticamente todas as entrevistas denunciam algum impacto das entrevistadas ao se defrontarem com os educandos adultos. Por que estes as assustam tanto? Certamente por não serem ingênuos como pensa a visão grafocêntrica da sociedade em que vivemos. Como bem expressou a professora Rachel: "vi-me alfabetizadora quando os meus alunos, também, me reconheceram como tal".

Concluímos este artigo com a idéia de que as experiências das professoras, tanto as pessoais como as socioculturais – estas últimas não se relacionam apenas ao saber acadêmico, mas também às diferentes práticas discursivas com as quais as docentes se relacionaram e se relacionam em sua vida –, emergem no processo formativo e permitem ao formador tecer uma ponte entre a prática de ensino dos professores e a formação pedagógica.

Entendemos, assim, que a formação pedagógica se constituiu em um espaço de construção identitária ao assumir as tensões e os conflitos inerentes ao processo da alfabetização de jovens e adultos. Vemos os relatos das professoras, sobretudo os da oralidade, como uma prática discursiva cuja relevância consiste em propiciar um movimento para além do espaço-tempo da formação; movimento esse que instiga as professoras a se aproximarem cada vez mais dos jovens e adultos alfabetizandos e as ajuda a se sentirem mais seguras em relação ao processo do ensino-aprendizagem da leitura e da escrita. Desse modo, reiteramos a idéia de que o processo formativo deve investir intensamente em práticas do discurso que medeiem a construção e a re-construção da identidade dos professores alfabetizadores.

Referências

BARBOSA, M. L. F. F. 2004. A identidade sócio-discursiva de alfabetizandos jovens e adultos. Comunicação apresentada no Seminário Desafios e Perspectivas na Alfabetização de Jovens e Adultos. Recife, UFPE, 2004.

BIBER, D. *Variation Across Speech and Writing*. Cambridge University Press, 1988.

DUTRA. F. S. Letramento e identidade: (re)construção das identidades sociais no gênero. In: Luiz Paulo da Moita Lopes (org.). *Discurso de Identidades*. São Paulo: Mercado de Letras, 2003.

FERREIRO, E. *Reflexões Sobre Alfabetização*. São Paulo: Cortez, 1985.

FREIRE, P. *A Importância do Ato de Ler*. São Paulo: Cortez, 2001.

KLEIMAN, A. A construção de identidades em sala de aula: um enfoque interacional. In: Inês Signorini (org.) *Linguagem e Identidade*. São Paulo: Mercado de Letras, 2002a.

KLEIMAN, A. *Alfabetização e Letramento*. São Paulo: Mercado de Letras, 2002b.

KLEIMAN, A. *Os Significados do Letramento*. São Paulo: Mercado de Letras, 2003.

MAGALHÃES. I. Práticas discursivas de letramento: a construção da identidade em relato de mulheres. In: Ângela B. Kleiman (org,) *Os Significados do Letramento*. São Paulo: Mercado de Letras, 2003.

MARCUSCHI, L.A. *Da Fala para a Escrita: atividades de retextualização*. São Paulo: Cortez, 2001.

MATOS, Francisco Gomes de. *Pedagogia da Positividade: comunicação construtiva em Português*. Recife: Ed. Universitária, 1998.

MOITA LOPES, L.P. Socioconstrucionismo: discurso e identidade social. In: Luiz Paulo da Moita Lopes (org.). *Discurso de Identidades*. Mercado de Letras: São Paulo, 2003.

OLSON, D. R. From utterance to text. The bias of language in speech and writing. *Harvard Educational Review.* 47(3): 258-281. 1977.

RAJAGOPALAN, K. A confecção do memorial como exercício de reconstrução do self. In: *Identidades: Recortes Multi e Interdisciplinares*. Mercado de Letras: São Paulo, 2002.

RATTO, I. Ação política: fator de constituição do letramento do analfabeto adulto. IN: KLEIMAN, A (Org.). *Os Significados do Letramento*. São Paulo: Mercado de Letras, 2003.

SANTOS, M.L.P dos. Mulheres e a construção da leitura em um evento de Letramento: Intertextualidade e Identidade Social. In: Luiz Paulo da Moita Lopes (org.). *Discurso de Identidades*. Mercado de Letras: São Paulo, 2003.

Ler e escrever também é uma questão de gênero

Andréa Tereza Brito Ferreira

Ao falar sobre a prática cotidiana de professores e professoras de alfabetização de homens e mulheres adultas, convém também discutir um pouco sobre o papel social da escrita. Ou melhor, como a leitura e a escrita podem fazer parte da vida das pessoas, chamando atenção, principalmente, para a perspectiva de gênero.

É comum pensar que a escrita tem por finalidade difundir idéias e disseminar conhecimentos. No entanto, em muitos casos, ela pode funcionar com o objetivo contrário: ocultar, para garantir poder àqueles que a ela têm acesso (TFOUNI, 1995). Ao longo da história da humanidade, a escrita pode ser, em muitos casos, associada ao jogo de dominação/poder, participação/exclusão que caracteriza as relações sociais, inclusive as relações entre gênero e raça. Na sociedade moderna, a escrita é uma das razões principais do desenvolvimento científico, tecnológico e psicossocial mas, ao lado desses desenvolvimentos, a utilização do código escrito também favorece a segmentação e exclusão de muitos indivíduos que dela fazem parte.

O uso da linguagem escrita tem implicações diretas nos modos de vida dos indivíduos, ampliando ou limitando as suas possibilidades de ação. Nas sociedades modernas e letradas, pode-se dizer que o analfabeto é aquele que não domina a escrita alfabética e/ou aquele que não consegue fazer uso da leitura e da escrita nas diferentes atividades cotidianas (RIBEIRO, 1999). O analfabetismo, como estado ou condição de quem é analfabeto, tem relação direta com os aspectos sociais, políticos e culturais de uma determinada sociedade. Desse modo, ele se relaciona intimamente com a questão da escolarização de determinadas sociedades; isso quer dizer que a forma como cada sociedade investe nos sistemas educacionais reflete nos níveis de alfabetização de sua população.

Em alguns países, onde a escolaridade básica é realmente obrigatória e universal, o problema do analfabetismo praticamente inexiste. No Brasil, o índice de pessoas analfabetas ainda é muito preocupante, mesmo tendo em vista a ampliação do sistema escolar, o desenvolvimento tecnológico e a existência de programas voltados para o combate ao analfabetismo. Problemas como acesso à escola, principalmente nas zonas rurais, inadequação dos métodos de ensino-aprendizagem e formação ineficiente dos professores são apontados como algumas das dificuldades principais na alfabetização de crianças, jovens e adultos do País.

De acordo com Freire (1993), desde o período dos jesuítas, o conhecimento no Brasil era centralizado para poucos eleitos – homens e brancos. Esse fato, ainda hoje, se faz presente, apesar da expansão do ensino e do desenvolvimento dos sistemas escolares. Podemos perceber resquícios dessa época nos dados estatísticos do analfabetismo no País, em que mulheres e homens negros compõem a sua maioria. Nesse sentido, o País, ao longo da história, vem sofrendo com esse problema de forma diferenciada:

nas regiões Norte e Nordeste, onde o acesso à escolarização é muito mais difícil, e principalmente entre as mulheres.

Esses problemas não podem ser vistos de maneira isolada da discussão sobre a prática cotidiana dos professores, principalmente dos que trabalham com pessoas adultas. A alfabetização de homens e mulheres na sociedade atual está também relacionada com o que acontece no interior e exterior das salas de aula. Nesse sentido, a proposta elaborada pelo Centro de Educação da Universidade Federal de Pernambuco, Universidade Federal Rural de Pernambuco, Universidade de Pernambuco e Prefeitura da Cidade do Recife para a implantação do Programa Brasil Alfabetizado chama a atenção para a importância do professor e da professora entenderem que o processo de aquisição da leitura e da escrita está intimamente associado à construção da identidade social.

O sentido de construção da identidade que norteia a proposta tem como ponto principal a utilização das ferramentas da leitura e da escrita na vida cotidiana das pessoas adultas na perspectiva do letramento. A partir desse olhar, o professor e a professora, através da sua prática pedagógica, podem contribuir para que homens e mulheres desenvolvam práticas sociais menos discriminatórias e de alteridade.

Assim, este capítulo discute a alfabetização/escolarização de homens e mulheres no País, na perspectiva de gênero[1], tomando como referência a literatura sobre o tema e depoimentos de professoras, alunos e alunas que participaram do Programa Brasil Alfabetizado, desenvolvido no Recife no período de 2003 a 2004.

---

[1] O conceito de gênero é defendido por SCOTT (1995) como relações socialmente construídas entre o masculino e o feminino, o que nos faz entender que todas as mudanças ocorridas no interior dessa relação são conseqüências de um movimento de mão dupla, e está associado a um contexto social mais amplo, devendo ser considerado conjuntamente com outros elementos como etnia, classe social, idade e religião.

Situando o problema da alfabetização de homens e mulheres no Brasil

A educação tem sido, há muito tempo, identificada como um meio eficiente no processo de mudança das relações de poder e opressão dentro de uma sociedade. Desde os primeiros anos de escolarização, a instituição escolar se encarrega de orientar os valores sexuais tradicionais, reforçando os papéis característicos dos gêneros.

De acordo com Weller (1997), ao longo do tempo, a escola desempenhou um papel importante de preparação dos gêneros para as futuras atuações profissionais, conduzindo grande parte das mulheres para atividades tipicamente "femininas" e a maioria dos homens para as carreiras tipicamente "masculinas".

Durante o regime colonial, a mulher brasileira não tinha acesso à escola. Às mulheres cabia aprender e dedicar-se a tarefas ditas "próprias" à condição de gênero: costurar, bordar, lavar, fazer rendas e cuidar das crianças. O discurso de resistência ao acesso da mulher à instrução era como descrito por Nísia Floresta em seu famoso *Opúsculo Humanitário* (1853, p. 34):

> dizia-se geralmente que ensinar-lhes a ler e escrever era proporcionar-lhes os meios de entreterem correspondências amorosas, e repetia-se, sempre, que a costura e o trabalho doméstico eram as únicas ocupações próprias da mulher.

Até o início do século XIX, a educação feminina esteve restrita à vida doméstica, embora alguns familiares percebessem a importância de suas filhas aprenderem a ler e a escrever, especificamente no caso das mulheres pertencentes a famílias de posses, pois a condição de alfabetizada poderia se constituir em uma forma de conseguir um bom casamento. Porém, a instrução não ocorria em escolas e sim em espaços privados por intermédio de religiosas ou "*institutrices*" educadas geralmente na Europa (YANNOULAS,1994).

Com a Lei de 15 de outubro de 1827, a mulher passou a ter o direito à educação e começou a freqüentar as escolas de primeiras letras em espaços separados dos homens. Mesmo considerando que a Lei representava um avanço no sentido das mulheres terem acesso à instrução, as verdadeiras intenções, na realidade, não eram colocadas de forma clara ou da mesma forma da instrução oferecida aos homens. Às mulheres cabia apenas ensinar-lhes a ler, a escrever e a contar, além de ter, no seu currículo, disciplinas obrigatórias como o bordado, a costura e bons modos. O estudo das ciências e da aritmética era apenas oferecido aos homens, pois o objetivo maior da instrução feminina era oferecer-lhes educação para figurar dentro de sua casa e não na sociedade (GUIMARÃES, 2002).

Essa distinção na escolarização entre homens e mulheres representa um processo de resistência por parte da sociedade ao fato de as mulheres terem a mesma formação educacional que os homens. Socialmente, o papel das mulheres não deveria ultrapassar os limites do lar, mesmo que elas tivessem conseguido o direito de freqüentar as escolas.

Em seguida, as mulheres passaram a fazer parte das Escolas Normais, o que representou uma nova mudança nas relações sociais entre homens e mulheres no mundo. A crescente busca das mulheres por essas escolas de formação de professoras dava-se, principalmente, pelo fato de esta ser uma forma de dar continuidade aos estudos, iniciados nas escolas de primeiras letras, ao mesmo tempo por constituir um meio de inserção na vida pública através de uma profissão que não lhes maculava a reputação (FERREIRA, 1998).

É importante lembrar que essa realidade pouco incluía as mulheres pobres e negras. A maioria das mulheres que ingressaram nas escolas de primeiras letras e nas Escolas Normais do final do século XIX era pertencente a famílias de alto poder econômico ou da classe média que emergia por meio do surgimento de novos empregos nas cidades (PEREIRA, 1963).

Desse modo, o acesso à escolarização no Brasil, nesse século, era limitado, primeiro, aos homens brancos abastados e, depois, a poucas mulheres brancas de condição econômica favorável. A maioria da população – homens negros, mulheres negras e pobres – tinha o acesso às primeiras letras negado, guardadas as exceções (GUIMARÃES, 2002).

Segundo Weller (1997), existem poucos estudos que abordam as relações de gênero levando em consideração o aspecto educacional no Brasil. A maior parte das pesquisas sobre relações sociais entre homens e mulheres aborda a questão do trabalho (profissão docente), família e papéis sexuais. A partir de 1970, aparecem os primeiros estudos sobre a situação educacional feminina no Brasil, tendo o Ano Internacional da Mulher em 1975 como a grande influência na realização desses estudos.

De acordo com Bruschine e Amado (1988), existe um consenso nos estudos sobre mulher e educação de que a escola reproduz estereótipos sexuais tradicionais, dicotomizados e bipolarizados. Esse consenso, segundo a autora, se dá em dois níveis; primeiro quando se aceita que a escola seja *reprodutora* de práticas sexistas. O uso freqüente do verbo "reproduzir" parece remeter, nos trabalhos existentes, a um significado de reforço de processos que ocorrem fora da escola em alunos/as passivos/as. Ao que parece, o sentido subjacente é de que a escola não produz relações hierárquicas de gênero, mas reproduz as hierarquias preexistentes na família, no mercado de trabalho e na sociedade mais ampla. É como se a escola e o sistema de ensino fossem descolados do todo social. Ela não gera contradições próprias, apenas reproduz e reforça o que é produzido fora dela. Livros didáticos, interações entre adultos e crianças não são tidos como gerados e geradores de experiências escolares concretas, mas como decorrentes de outras determinações sociais.

Além disso, nessa instituição reprodutora e não-geradora, convivem receptores passivos da ideologia dominante.

"Estudantes equivalem a 'câmeras escuras', ou à flecha que une o estímulo à resposta" (BRUSCHINE; AMADO, 1988, p. 66).

O outro ponto de consenso, nesses estudos, é a idéia de que a escola seja sexista. Dificilmente se apresenta uma outra forma de pensar que a escola possa ser um espaço social onde as mulheres vivam, de maneira menos acentuada, as subordinações entre os gêneros. Na contracorrente dessa visão sexista da escola, Mariano Enguita (1989, p. 230) acredita que a escola pode ser, na atualidade, o espaço social menos sexista: "a evolução da escola não pôde deixar de produzir efeitos sobre outras esferas da sociedade e sobre outras relações de produção: a família patriarcal".

Alguns trabalhos procuraram analisar a trajetória da escolarização de homens e mulheres nos sistemas formais de ensino. De acordo com o estudo de Rosemberg e Amado (1992), as taxas de analfabetismo feminino se equivalem ou são superiores às masculinas, ao mesmo tempo em que as mulheres constituem a maioria entre o alunado do Ensino Médio. O número de universitárias aumentou intensamente na década de 1970. As autoras explicam esse fenômeno partindo da hipótese de que o fato de as mulheres constituírem a maioria do alunado do Ensino Médio seja fruto da socialização feminina, que, devido à exigência de obediência, passividade ou protecionismo, facilita a adaptação e persistência das mulheres no sistema institucional no qual está inserida a escola, o que reforça a visão acima apresentada.

Outro motivo do maior tempo de escolarização das mulheres relaciona-se com o fato de que grande parte dos homens abandona a escola após a conclusão do Ensino Fundamental devido à necessidade de trabalhar. Rosemberg e Amado (1992) também concluem que as mulheres, muitas vezes por não encontrarem trabalho ou por não estarem ainda em "idade de casar", continuam na escola.

A perspectiva de que os homens abandonam mais rapidamente a escola do que as mulheres é defendida por alguns estudos que tratam das trajetórias masculinas e femininas na interação entre trabalho e educação (ANDRADE, 1990; BARRETO, 1981; CARVALHO, 1989). Porém, esses estudos indicam também outros fatores causadores da evasão de mulheres jovens e adultas da escola, relacionados à segurança física que atinge mais especificamente as mulheres (iluminação, transporte, serviços de segurança). Mas a necessidade de arcar com as responsabilidades familiares ou viver uma situação de subordinação no espaço doméstico são os grandes motivos de evasão das mulheres adultas das escolas. Como podemos perceber na realidade da sala de aula da professora Ana Cláudia, do Programa Brasil Alfabetizado:

> as mulheres que vinham mais para as aulas eram aquelas que não tinham filhos pequenos e nem família; as que trabalhavam, tinham filhos pequenos e maridos faltavam muito.

A escolarização das mulheres no Brasil, historicamente, esteve associada à expansão do ensino, ao desenvolvimento econômico e aos fatores socioculturais do País. Embora esse processo de idas e vindas, de avanços e recuos, de características singulares e universais estivesse intimamente associado às questões das mulheres, ele não estaria relacionado a toda a realidade brasileira de maneira uniforme. Enquanto algumas mulheres da cidade alcançaram quase os mesmos níveis de alfabetização que os homens – e como alguns estudos realizados no Rio de Janeiro e São Paulo mostraram que as mulheres superaram o tempo de permanência nas escolas –, em determinadas regiões do País porém, elas ainda possuem o nível de escolarização muito baixo não apenas em relação ao nível de alfabetização masculina, mas em relação a sua situação na sociedade.

Como em outros países, o número de analfabetos nas zonas rurais é maior que nas cidades. Ainda assim, o número de mulheres analfabetas equivale, um pouco, ao de homens analfabetos. A própria atividade desenvolvida nessas regiões, ligada ao plantio, dificulta o interesse de participação das pessoas de ambos os sexos nos programas de escolarização desde a infância (WELLER, 1997).

Rosemberg e Amado (1992) destacam que, em zonas rurais do Brasil, as meninas têm mais oportunidade de freqüentar a escola do que os meninos, mas que, pelo fato de elas não serem estimuladas a continuar seus estudos, abandonam muito cedo os bancos escolares. A fala da professora Carmelita representa um pouco essa realidade aqui em Recife:

> algumas alunas disseram que quando eram pequenas tinham ido para a escola no interior, mas que depois não se interessaram mais em estudar e só agora é que sentem necessidades de voltar a estudar e se estivessem ainda lá no interior, não poderiam mais.

Portanto, o retorno das pessoas adultas à escola revela trajetórias diferentes porém, muitas delas têm em comum o fato de considerar que, na zona rural, não é tão importante saber ler e escrever, principalmente para as mulheres que trabalham na agricultura e em casa (ROSEMBERG; AMADO, 1992).

Reflexões sobre as práticas cotidianas da sala de aula de alfabetização de pessoas adultas

Todas as acusações, sem dúvida justas, que se podem fazer contra a educação formal, no sentido de que contribui para reproduzir o sexismo e a dominação patriarcal – através do conteúdo do ensino, dos estereótipos presentes na interação informal, da orientação escolar indicada por preconceitos de gênero etc. –, não devem ocultar o fato de que ao menos desde a generalização da educação, as salas de aula são provavelmente o cenário cotidiano em que menos se discriminam as pessoas por seu sexo ou gênero (ENGUITA, 1989). Mesmo assim, algumas práticas de professores e professoras, não refletidas sob essa perspectiva, revelam divisões e conflitos de sexo e gênero nas atividades desenvolvidas no dia-a-dia, como separação de grupos por sexo, motivação de participação em trabalhos de determinadas disciplinas para homens e mulheres.

Muitas práticas educacionais, ocorridas no passado, cristalizaram essas idéias e estariam presentes, ainda hoje, na vida dos alunos e alunas, principalmente no que se refere à divisão de conhecimentos específicos para homens e mulheres, como no relato da professora Carmelita:

> Os homens, na minha sala de aula, têm mais interesse em aprender matemática e dizem para mim que estão lá para aprender a fazer conta [...] as mulheres gostam mais de recortar e colar as gravuras e letras e de trabalhar com poemas.

O fato de os alunos mostrarem recusa por uma determinada área de conhecimento ou tipo de atividade pode revelar, muitas vezes, elementos da divisão sexual dos papéis sociais, construídos pela sociedade ou pelo grupo social do qual eles fazem parte. A organização de trabalho pedagógico, nesse sentido, merece uma atenção especial dos professores e professoras.

O trabalho com diferentes gêneros textuais, por exemplo, poderia evidenciar essas situações, como é o caso da experiência da professora Raquel, quando trabalhou um poema com seus alunos em sala de aula. A professora questionou aos alunos se eles já haviam recebido um poema e o que achavam que este podia representar para as suas vidas, e um aluno respondeu assim:

> Poema, para mim, é uma história para mãe e pai. Para mulher, hoje em dia, é só abraço e beijo e pronto. Para que (poema) se a mulher já é dona de casa; não precisa. Uma vez fiz um poema de boca para a minha prima.

A resistência do aluno da professora Raquel em trabalhar com o gênero textual proposto estava presente em sua fala.

Ele associou o poema a situações do cotidiano em que a mulher seria a grande receptora desse gênero, pois foi assim que a sociedade determinou. Segundo ele, só quando a mulher é solteira é que pode receber um poema, tentando argumentar, desse modo, que a utilização daquele texto na situação de sala de aula não é relevante.

A professora continuou o seu trabalho com o poema, ressaltando principalmente esses aspectos surgidos na sala de aula, e percebeu que, depois de um intenso debate e das diferentes opiniões sobre o gênero textual escolhido, o seu aluno construiu uma nova representação sobre esse gênero: "este poema da escola está bom. Faz poucos meses, ainda estou aprendendo, tenho dificuldades".

Na maioria das vezes, para mulheres e homens, o retorno para a sala de aula representa um grande desafio. Significa vencer a timidez, superar o estigma de que, depois de velho, não se aprende mais nada, de que lugar de mulher é em casa cuidando do filho e do marido, e, sobretudo, conviver com diferentes gerações. Essas questões exigem, muitas vezes, do professor e da professora práticas cotidianas específicas para a faixa etária e gênero. É o que a professora Carmelita tenta fazer na realidade da sua sala de aula:

> Eu sinto, muitas vezes, que as mulheres gostam de falar sobre assuntos específicos [...] elas reclamam do marido sobre os afazeres domésticos e que os homens podem tudo e as mulheres nada; e aí eu tenho que fazer atividades que envolvam esses problemas [...] faço pesquisas, em jornais e revistas, sobre a situação das mulheres, debates, e elas gostam muito.

Essas questões devem ser levadas em consideração principalmente porque muitas das alunas adultas, hoje, do Programa de Educação de Jovens e Adultos da Secretaria da Educação do Recife e do Programa Brasil Alfabetizado, estão organizadas em turmas só de mulheres, em parceria com a

Federação das Mulheres do Recife. Esse aspecto é muito importante na condução da prática pedagógica do professor e da professora, pois revela um avanço no que diz respeito à organização das mulheres na sociedade.

É importante destacar que nós, professores, não somos formados na perspectiva da eqüidade de gênero e que muitas das nossas práticas não são refletidas sob essa perspectiva. Segundo a professora do Reino Unido, Sarah Witlaw (2004), é importante que os professores estejam atentos para as diferenças entre homens e mulheres na sociedade, que dêem mais atenção aos estudos, matérias jornalísticas e estatísticas que tratam sobre a questão de gênero e que, principalmente, conheçam a realidade social e econômica em que seus alunos estão vivendo.

Para Witlaw (2004), nós, professores e professoras, temos a obrigação de garantir que nossas atitudes, práticas e comportamentos não reflitam as desigualdades nas relações de gênero e sim que as desafiem. Promover espaços de debates sobre o papel de homens e mulheres na sociedade e no cotidiano escolar é muito importante para o desenvolvimento do equilíbrio entre os gêneros.

A professora Roberta revelou que passou um momento bastante complicado na sua sala de aula e que teve que agir "na urgência", pois não tinha se preparado para a situação:

> Foi assim; eu fui perguntar por uma aluna da sala que estava faltando muito, e uma outra me respondeu assim: – "ela não está mais morando aqui não professora, o marido dela deu uma surra nela e ela se escondeu pra ele não matar ela". Então um aluno disse bem baixinho: – "ela fez por merecer". Nesse momento, outras pessoas começaram a defender e acusar a aluna. Então eu resolvi trabalhar a questão da violência de uma forma bem ampla pra chegar na violência entre marido e mulher.

Essa é uma situação reveladora da realidade de muitas mulheres brasileiras e, mais freqüentemente, entre aquelas das camadas mais baixas. A professora Roberta agiu de uma forma satisfatória quando resolveu, naquele momento, trazer o tema da violência para dentro da sala de aula, mesmo não sendo o que havia planejado para ser trabalhado naquele dia.

Além do que foi feito pela professora, no momento de urgência – trabalhar a questão da violência de uma forma generalizada para se chegar à relação de poder entre o marido e a mulher –, torna-se importante também discutir os índices estatísticos da violência contra as mulheres no País ou no próprio Estado, como indica Witlaw (2004), justamente para mostrar que essa situação não é um "caso particular", mas é um problema que envolve toda a população.

Daí a importância de se discutir a construção social dos papéis masculinos e femininos na sala de aula e, sobretudo, de fazer com que nossos alunos e alunas, seus familiares e amigos entendam que as forças sociais, culturais, econômicas, políticas e psíquicas influenciam na construção da nossa identidade. E, para que possamos desafiar esses problemas estruturais e institucionais, devemos refletir sobre essas questões no sentido de construirmos práticas cotidianas que caminhem para novas direções.

Por fim, relataremos a experiência da professora Silvânia, que trabalhava em uma turma composta por 27 mulheres de uma colônia penal. A faixa etária do grupo variava de 27 a 60 anos de idade. Existia uma oscilação na freqüência das alunas às aulas, relacionada à realidade em que viviam: a inquietação, a indisciplina, a saída constante da sala de aula, o uso de drogas (80% a 90% eram usuárias). Esses fatores foram elementos que comprometeram o desenvolvimento da atividade. Na tentativa de desenvolver um trabalho ao mesmo tempo significativo e que possibilitasse que as alunas se apropriassem do sistema de escrita alfabética, a professora descobriu um gênero textual adequado a esse contexto: a correspondência. Vejamos o relato dela sobre essa experiência:

Os primeiros dois meses foram difíceis. O cuidado que tinha de ter ao trabalhar com tesoura e lapiseira, para que elas não levassem para cela, e o esforço para conquistar a atenção delas para a aula e para mim geraram um desgaste emocional que se tornou maior pelo despreparo que eu sentia para alfabetizar. Durante o período que trabalhamos na colônia, houve uma rebelião, e algumas reeducandas queimaram todos os livros, material didático, acabaram com a biblioteca e a diretoria: vandalizaram a escola. Isso me causou um grande impacto, até que eu pudesse digerir toda essa situação e entendê-las. Nesse processo, fui educadora e educanda.

Um dia, uma aluna que entrara na turma havia menos de um mês disse: "Professora, minha mão é muito dura para escrever, eu não consigo não".Como tornar mais leve, eu me perguntava? Se era desafiador para mim alfabetizá-las, para elas, era muito maior se permitir alfabetizar. Tudo que eu via ou vivenciava (um filme, um livro, uma propaganda de revista etc.), tentava adaptar para a sala de aula. Os avanços foram aparecendo, e uma das atividades que mais as motivava era escrever carta para o namorado. Era a maior animação, porque eu escrevia exatamente o que elas queriam. Depois que líamos e elas percebiam os erros, corrigia com elas. Essa atividade impulsionou Maria José a se interessar mais. Uns três dias depois, Maria José chegou perto de mim e disse: "eu já sei escrever Gilvan" (nome do namorado dela), e escreveu no quadro. Percebi que, se há um objetivo pessoal de interesse do aluno inserido na escrita, ele busca, se interessa e consegue. A tentativa de leitura das cartas era mais difícil, porque cada namorado escrevia de um jeito. Mas elas ficavam o tempo inteiro com a carta na mão, e aquele namoro com a carta ia dando algumas estratégias e descobertas de algumas palavras que estavam escritas, de como aquela pessoa escrevia. Gostaria de poder acompanhar mais e pesquisar esse processo de alfabetização por meio das cartas. Foi minha primeira experiência em sala de aula. Em contrapartida, a oportunidade de exercer a docência só confirmou e definiu minha opção por educação. Alfabetizar adultos num grupo tão particular contribuiu para ampliar meu olhar, rever conceitos, atitudes e refletir sobre a prática de ensino e aprendizagem.

O relato da professora Silvânia reforça a importância de uma prática de ensino voltada para as especificidades do grupo. No seu caso, para alfabetizar em uma perspectiva de letramento, ela percebeu a necessidade de associar a questão de gênero (grupo de mulheres detentas que, embora não-alfabetizadas, se envolviam em práticas de leitura e escrita de cartas) com a escolha dos textos a serem lidos e produzidos.

Reflexões finais

O valor da alfabetização para os indivíduos, no sentido da participação social, é um elemento que deve ser considerado quando se analisa a questão da ampliação do processo de aquisição da leitura e da escrita em determinadas realidades sociais.

Ainda contamos com inúmeras barreiras sociais que impedem que adultos não-escolarizados na infância voltem a estudar quando adultos, nas escolas. Escolas estas que, como sabemos, estão inseridas em um Sistema Educacional Brasileiro que tem sido apontado como um dos responsáveis pela discriminação e opressão dos grupos étnicos, das mulheres e das classes sociais mais baixas.

Os níveis de escolarização de uma sociedade não estão relacionados apenas a necessidade de as pessoas se inserirem no mercado de trabalho, mas também a uma demanda de classes ou grupos sociais e culturais a partir da percepção dos valores e benefícios que a alfabetização pode promover para determinados grupos, estejam eles localizados em espaços rurais ou urbanos. Assim, ao estudar historicamente o desenvolvimento da escolaridade em diferentes realidades, conjuntamente com as questões sociais, pode-se perceber que os valores associados ao processo de alfabetização ou escolarização podem ser mais fortemente identificados nas cidades do que nas regiões rurais, entre os homens do que entre as mulheres, entre as pessoas brancas do que entre as pessoas negras ou pardas etc. Essas variáveis devem entrar em jogo na prática cotidiana da professora e do professor alfabetizador, principalmente se entendemos a alfabetização como um processo amplo.

Desse modo, a prática educativa não pode ser passiva diante da posição hierárquica que organiza a sociedade brasileira a qual coloca em primeiro lugar o homem branco, seguido do homem negro, da mulher branca e, em última instância, da mulher negra. Ela precisa construir, em seu cotidiano, maneiras de pensar e agir a alfabetização e principalmente o letramento de homens e mulheres adultas com práticas que desenvolvam os valores culturais, científicos e tecnológicos da sociedade e dos grupos sociais específicos.

Referências

ANDRADE, Antônio (1990) O cotidiano de uma escola pública do 1º grau: um estudo etnográfico. *Cadernos de pesquisa,* n.73 p.26-37.

BARRETO, Elba S. (1981), Bons e maus alunos e suas famílias *Cadernos de pesquisa,* n. 37, p. 84-89.

BEISIEGEL, Celso R. (1992) Política e Educação Popular: a teoria e prática de Paulo Freire no Brasil. *Ensaios 85.* São Paulo, Ática.

CARVALHO, Marília (1989) Um invisível cordão de isolamento: escola e participação popular, *Cadernos de Pesquisa* n. 70, p. 65-73.

FERREIRO, Emília, org (1990) *Os filhos do analfabetismo: propostas para alfabetização escolar na América Latina.* Porto Alegre, Artes Médicas.

_____. *Reflexões sobre alfabetização.* São Paulo: Cortez, 1987.

FLORESTA, Nísia. *Opúsculo Humanitário* (com introdução e notas de Peggy Sharpe-Valadares). Rio de Janeiro, 1853; Rio de Janeiro, Cortez, 1989.

FREIRE, Ana Maria. *Analfabetismo no Brasil.* São Paulo: Cortez, 1989.

FREIRE, Paulo. *Pedagogia do oprimido.* Rio de Janeiro: Paz e Terra, 1983.

_____; NOGUEIRA, Adriano. (1989) *Teoria e prática em educação popular.* Petrópolis: Vozes, 1989.

GUIMARÃES, Maria Beatriz. *Saberes consentidos conhecimentos negados: O acesso à instrução feminina no início do século XIX em Pernambuco.* Dissertação de Mestrado em Educação da Universidade Federal de Pernambuco. 2002

GRAFF, Harvey J. *Os labirintos da alfabetização.* Porto Alegre: Artes Médicas, 1994.

PEREIRA, L. *O magistério primário numa sociedade de classes: estudo de uma ocupação em São Paulo.* São Paulo: Pioneira, 1963.

RIBEIRO, Vera M. *Alfabetismo e atitudes.* São Paulo: Papirus, 1999.

RODRIGUES, Neidson. *Estado, educação e desenvolvimento econômico.* São Paulo: Cortez, 1987.

ROSEMBERG, F. A educação de mulheres jovens e adultas no Brasil. *Mulher brasileira é assim.* (orgs.) Heleieth Saffioti e Mônica Muñoz-Vargas, Rio de Janeiro: Rosa dos Tempos, 1994.

ROMANELLI, O. O. *História da educação no Brasil.* Petrópolis: Vozes, 1990.

SOARES, Magda. *Letramento: um tema em três gêneros.* 2. ed. Belo Horizonte: Autêntica, 2002.

WELLER, Wivian (1996) Relações de gênero e educação: mulheres entre o analfabetismo e a formação universitária na América Latina. *Educação formal: entre o comunitarismo e o universalismo* (org.) Bárbara Freitag. Rio de Janeiro.

WITLAW, Sarah (2004) Relações de gênero na formação de educadores: uma experiência no Reino Unido. *Revista Lilás.* Coordenadoria da Mulher, Recife.

TFOUNI, Leda V. *Letramento e alfabetização* São Paulo: Cortez, 1995.

_____. *Adultos não alfabetizados: o avesso do avesso.* Campinas: Pontes, 1988.

YANNOULAS, Silvia. C.(1994) *Educar uma profissão de mulheres? La feminizacion del Normalismo y la Docencia - Brasil y Argentina).* Tese de Doutorado. Brasília, FLACSO\UnB.

Alfabetizar sem "bá-bé-bi-bó-bu":
uma prática possível?

Eliana Borges Correia de Albuquerque

Gostaria de iniciar este artigo discutindo as diferentes possibilidades de respostas à pergunta que constitui seu título. Até meados da década de 1980, teríamos principalmente três tipos de respostas, relacionadas aos métodos de alfabetização. Aqueles que defendiam o método fônico como o mais eficaz para alfabetizar provavelmente diriam que seria possível aprender a ler e a escrever através de um método silábico, mas não seria a forma mais eficiente. Já os seguidores do método global defenderiam que um método analítico seria melhor do que qualquer método sintético. Sabemos, no entanto, que, no Brasil, e mais ainda em Pernambuco, o método silábico foi o que predominou nas práticas de alfabetização. Assim, a resposta mais comum seria a que ressalta a dificuldade de se alfabetizar sem o uso dos padrões silábicos.

O mestre Paulo Freire, em seu trabalho de Alfabetização de Jovens e Adultos desenvolvido no início da década de 1960, rompeu com muitos aspectos constitutivos dos métodos tradicionais de alfabetização (tanto analíticos como sintéticos), tais como: trabalho com palavras não-significativas para os alunos; necessidade de partir de sílabas mais simples para as mais complexas; uso de textos cartilhados (construídos pelos autores do livro com o uso de palavras já trabalhadas em lições anteriores); concepção de aluno como *tábula rasa*, cujo conhecimento sobre a língua teria que ser transmitido pelo professor etc. Para ele, os adultos analfabetos eram produtores de cultura, de conhecimento, e o processo de alfabetização deveria partir de suas experiências. No entanto, para alfabetizar, Freire, de certa forma, se apoiou no método silábico (o mais usado na época) ao propor um trabalho que partia de uma palavra geradora e do ensino dos padrões silábicos relacionados às sílabas constitutivas da palavra em estudo.

Na década de 1980, os trabalhos de Emília Ferreiro e Ana Teberosky sobre a *Psicogênese da Língua Escrita* (FERREIRO; TEBEROSKY, 1985; FERREIRO, 1985) deram uma nova possibilidade de resposta à pergunta que constitui o título deste artigo. Rompendo com a concepção de língua escrita como código, o qual se aprenderia a partir de atividades de memorização, as autoras defenderam uma concepção de língua escrita como um sistema de notação que, no nosso caso, é alfabético. E, na aprendizagem desse sistema, elas constataram que as crianças ou adultos analfabetos passavam por diferentes fases que iam da escrita *pré-silábica*, em que não há correspondência grafofônica, perpassando pela escrita *silábica*, até chegar à *alfabética*. No processo de apropriação do sistema de escrita alfabético, os alunos precisariam compreender como esse sistema funcionava, e isto pressupunha que descobrissem *o que* a escrita notava (ou "representava", "grafava") e *como* a escrita criava essas notações (ou "representações"). Assim, eles precisariam entender que o que a escrita alfabética *notava* no papel eram os sons das partes orais das palavras e que o fazia considerando segmentos sonoros menores que a sílaba.

Os trabalhos da *Psicogênese da Língua Escrita* foram muito difundidos no Brasil, e com eles vimos nascer um forte discurso contrário ao uso dos tradicionais métodos de alfabetização e a defesa de uma prática que tomaria por base a teoria psicogenética de aquisição da escrita. Pregava-se a necessidade de possibilitar que as crianças se apropriassem do sistema de escrita alfabético a partir da interação com diferentes textos escritos em atividades significativas de leitura e produção de textos. Nesse contexto, a resposta à pergunta-título deste artigo passou a ser a de que não só é possível alfabetizar sem o bá-bé-bi-bó-bu, como é imprescindível que isso seja feito.

Soares (2003) destaca a mudança que a propagação da perspectiva psicogenética representou para a área de alfabetização:

> alterou profundamente a concepção do processo de construção da representação da língua escrita, pela criança, que deixa de ser considerada como dependente de estímulos externos para aprender o sistema de escrita – concepção presente nos métodos de alfabetização até então em uso, hoje designados "tra............[1] – e passa a sujeito ativo capaz de progressivamente (re)construir esse sistema de representação, interagindo com a língua escrita em seus usos e práticas sociais, isto é, interagindo com material "para ler", não com material artificialmente produzido para "aprender a ler"... (p. 8)

O discurso da importância de se considerar os usos e funções da língua escrita a partir do desenvolvimento de atividades

---

[1] Não se atribui, aqui, ao adjetivo "tradicional" o sentido pejorativo que costuma ter; o termo é aqui utilizado para caracterizar, de forma descritiva e não avaliativa, os métodos vigentes até o momento da introdução da perspectiva "construtivista" na área da alfabetização. É preciso lembrar que esses métodos hoje considerados "tradicionais" um dia foram "novos" ou "inovadores" – o *tradicional* não se esgota no passado, é fruto de um processo permanente que não termina nunca: estamos construindo hoje o "tradicional" de amanhã, quando outros "novos" surgirão.

significativas de leitura e escrita na escola foi incorporado, principalmente a partir da década de 1990, a um novo conceito de alfabetização: o de letramento. Segundo Soares (1998), o termo letramento é a versão para o Português da palavra de língua inglesa *literacy*, que significa o estado ou condição que assume aquele que aprende a ler e a escrever. Esse mesmo termo é definido no Dicionário Houaiss (2001) como "um conjunto de práticas que denotam a capacidade de uso de diferentes tipos de material escrito".

Alfabetizar em uma perspectiva de letramento traz implicações pedagógicas importantes. Por um lado, sabemos hoje que um sujeito que não domina a escrita alfabética se envolve em práticas de leitura e escrita através da mediação de uma pessoa alfabetizada e, nessas práticas, desenvolve uma série de conhecimentos sobre os gêneros que circulam na sociedade[2]. Por outro, o domínio do sistema alfabético não garante que sejamos capazes de ler e produzir todos os gêneros de texto. Assim, é imprescindível que os alunos possam vivenciar, na escola, situações reais de leitura e produção de diferentes textos que possibilitem uma ampliação de suas experiências de letramento.

No entanto, é importante destacar que apenas o convívio intenso com textos que circulam na sociedade não garante que os educandos se apropriem da escrita alfabética, uma vez que essa aprendizagem não é espontânea e requer que o aluno reflita sobre as características do nosso sistema de escrita. Nessa perspectiva, concordamos com Soares (1998) que o ideal é "alfabetizar letrando", ou seja, "ensinar a ler e escrever no contexto das práticas sociais da leitura e da escrita, de modo que o indivíduo se tornasse, ao mesmo tempo, alfabetizado e letrado" (SOARES, 1998, p. 47).

Se percebemos mudanças, nos últimos 20 anos, nos discursos acadêmico e oficial sobre alfabetização, na prática, o

---

[2] Sobre essa questão, ver o artigo de MORAIS e ALBUQUERQUE (2004).

índice elevado de fracasso escolar nesse nível de ensino ainda permanece. E os programas de avaliação dos índices de leitura e escrita (Pisa, Saeb) revelam que nossos alunos têm concluído o Ensino Fundamental sem o domínio da leitura e escrita. A responsabilidade por esses resultados, muitas vezes, recai no professor, que continua preso a um ensino "tradicional" da leitura e escrita. Pesquisas (ALBUQUERQUE, 2002) apontam para o fato de que mudanças têm sido realizadas nas práticas de alfabetização e que os professores têm se apropriado principalmente da necessidade de se trabalhar com diferentes gêneros. No entanto, ao lado de atividades de leitura e produção de textos, uma boa parte dos docentes ainda lança mão de muitos aspectos dos métodos tradicionais de alfabetização para ensinarem o sistema de escrita alfabético. E justificam esse uso por sentirem a necessidade de um ensino sistemático de alfabetização.

Pretendemos, nesse artigo, discutir sobre a possibilidade de se alfabetizar sem o uso dos "padrões silábicos" a partir da análise da prática de uma alfabetizadora do Programa Brasil Alfabetizado (parceria entre Secretaria de Educação do Recife e universidades públicas de Pernambuco), com a qual fizemos uma entrevista. Antes, vamos apresentar sucintamente a proposta pedagógica de alfabetização construída nesse programa e que deverá nortear a prática dos alfabetizadores.

A proposta pedagógica do Programa Brasil Alfabetizado (parceria PCR/UFPE/UFRPE/UPE)

Para a elaboração da proposta pedagógica de alfabetização do Programa Brasil Alfabetizado, partimos da idéia de que a alfabetização deve ultrapassar o simples ler e escrever e conduzir a outras práticas sociais, imprimindo novas relações, conhecimentos, formas de linguagem e bens culturais. Nessa perspectiva, os alunos precisariam ser envolvidos em situações concretas de produção de significados, seja na leitura, seja na produção de textos.

No entanto, concebemos também que o domínio do funcionamento do sistema alfabético, que possibilita ao aluno um engajamento autônomo nos eventos sociais mediados pela escrita, precisa ser colocado também como objetivo didático. Assim, no trabalho de formação dos alfabetizadores (que eram alunos de cursos de licenciaturas da universidade), buscamos, semanalmente, construir uma prática pedagógica com base no "alfabetizar letrando". Para tanto, sugerimos que fossem realizadas, diariamente, nas salas de aula de alfabetização, atividades de leitura, de apropriação do sistema de escrita e de produção de textos com os alunos.

Em relação à apropriação do sistema de escrita alfabético, destacamos a importância de se desenvolver atividades que possibilitem aos alunos compreender que o que a escrita representa é a pauta sonora das palavras (o significante), e não o seu significado; e que ela o faz através da relação fonema-grafema. Assim, os alunos precisariam perceber, entre outras coisas, que as sílabas são constituídas de unidades sonoras menores (fonemas) e que cada fonema corresponde a uma ou mais letras (dígrafos).

Nessa perspectiva, consideramos essencial o trabalho no nível da palavra, seja a partir de um texto lido ou não. Destacamos, assim, o desenvolvimento de um trabalho sistemático de reflexão fonológica, que poderia ser realizado de diferentes formas: composição e decomposição de palavras, comparação entre palavras quanto às semelhanças e diferenças fonológicas, comparação de palavras quanto ao tamanho (quantidade de sílabas e de letras), sistematização das correspondências grafofônicas, exploração de rimas e aliterações, tentativas de reconhecimento de palavras utilizando as pistas já disponíveis, dentre outras.

Como os alfabetizadores construíram suas práticas de ensino? Analisaremos, a seguir, um caso específico.

"Sílabas sim, método silábico não!"

Ana Paula Cavalcanti, aluna do curso de Pedagogia da UFPE, foi alfabetizadora do Programa Brasil Alfabetizado no período de 13 de outubro de 2003 a 23 de abril de 2004. Ela ensinava a uma turma constituída por 33 alunos (idosos e mulheres) residentes no bairro da Estância. A turma funcionava na Associação dos Moradores desse bairro, e o horário das aulas era das 18h30 às 20h30.

Como formadoras, trabalhávamos semanalmente com os alfabetizadores desse programa, e nos chamou a atenção o fato de, na formação, Ana Paula insistir no trabalho com famílias silábicas/padrões silábicos, ainda que tivéssemos discutido a proposta do programa que, como abordado na seção anterior, se baseava em uma concepção interacionista de língua e defendia uma proposta de "alfabetizar letrando". Sua insistência, no entanto, parecia se relacionar mais a uma dificuldade em transpor para a sala de aula as inovações didáticas relacionadas à alfabetização do que a um desconhecimento delas, uma vez que essa alfabetizadora conhecia a abordagem psicogenética de aquisição da escrita e estava acompanhando a discussão sobre a relação entre alfabetização e letramento. Nessa perspectiva, concordamos com Chartier (1998) que as mudanças nas práticas dos professores não são frutos de uma aplicação direta da teoria na prática, mas se relacionam a um processo de produção/fabricação de saberes na ação, para o qual concorrem vários aspectos. Buscaremos, neste artigo, analisar o processo de construção da prática de alfabetização da professora Ana Paula.

No início da entrevista, Ana Paula afirmou que, em um primeiro momento, tentou realizar as atividades propostas pelo programa, priorizando a leitura de diferentes gêneros. Quanto às atividades com sílabas, não "ousava" desenvolvê-las para não ser tachada de "tradicional". Mas sua ansiedade em ver os alunos alfabetizados era tanta que sentiu a necessidade de realizar uma prática mais sistemática "para alfabetizar". Nesse momento, a experiência de sua mãe alfabetizadora e defensora do uso do método silábico foi decisiva:

> **Ana Paula:** Minha mãe é quem defende muito o método silábico. Minha mãe é alfabetizadora e sempre alfabetizou pelo método silábico. E hoje ela faz uma mescla de método silábico com letramento. "Não vá pela cabeça de suas professoras, está vendo que não existe? Olha aqui, os meus alunos realmente estão lendo. Não tem como. Cadê os seus?" Mas eu percebo uma coisa quando ela faz ditado com eles, são palavras que utiliza durante as aulas, sabe? Aquelas palavras bobinhas, tipo PIPA. Então, eles sabem escrever essas palavras memorizadas.

Para Ana Paula, a "mescla" que sua mãe faz entre método silábico e letramento provavelmente se refere ao fato de ela proporcionar atividades de leitura de diferentes gêneros (o que estaria relacionado à perspectiva do letramento), mas usar, para alfabetizar, atividades típicas do método silábico. Ao se referir às suas memórias de alfabetização, ela lembrou que foi alfabetizada através da cartilha *Esse mundo maravilhoso*, que se baseava no método silábico. Essa mesma cartilha, segundo ela, ainda é utilizada por sua mãe:

> **Eliana:** E ela usa que livro para alfabetizar?
> **Ana Paula:** Ela usa aquela cartilha...
> **Eliana:** *Esse mundo maravilhoso*? Ela alfabetiza com essa cartilha?
> **Ana Paula:** Ela não usa a cartilha, ela pega as atividades.

No processo de construção de sua prática pedagógica, Ana Paula sentiu necessidade de "experimentar" o método silábico, embora sentisse que não o devia fazer, pois, com isso, estaria indo na direção contrária ao que estava contemplado na proposta do programa:

> **Ana Paula:** Minha ânsia de querer... Será que o método silábico?
> **Eliana:** Mas sua dúvida em relação ao método silábico era o quê?
> **Ana Paula:** Se eu podia... Se estava errado se eu fizesse... Eu queria experimentar.

E ela pontuou, mais de uma vez na entrevista, que, mesmo temerosa, realizou atividades relacionadas a esse método:

> **Ana Paula:** Eu usei muito pouco, muito pouco... Porque meu medo era tão grande de tocar no método silábico, era tão grande que eu evitava qualquer coisa que tivesse sílaba, assim, famílias silábicas. O que tivesse famílias silábicas eu evitava... Agora eu tentei e usei, uma ou duas aulas tentando trabalhar famílias silábicas e vi que não deu certo. [...] Aconteceu de, eventualmente, eu tentar utilizar o método silábico, e eu vi que não deu certo.
> **Eliana:** Por quê?
> **Ana Paula:** Por que é desconexo, porque não faz sentido.
> **Eliana:** Porque não faz sentido?
> **Ana Paula:** Por exemplo, você chega na sala, vamos trabalhar o padrão silábico *dá, dé, di, dó e du*; quando é no outro dia, eles não se lembram de nada. É como se aquela aula não tivesse existido. [...] Quando eu os apliquei, que foram raras as vezes, eu conto nos dedos as aulas que eu dei que envolviam famílias silábicas, padrões silábicos... Eu percebi que não fazia sentido, que era chata a aula, que era pobre, que eles não aprendiam nada.

É interessante notar que, nessas três falas, Ana Paula declarou que tentou usar o método silábico, mas que não deu certo. A seguir, transcreveremos o trecho em que ela diz explicitamente que atividades relacionadas a esse método ela fez:

> **Ana Paula:** Inclusive eu testei tanto isso, que eu retirei atividades de um livro que foi do Mobral[3] pra ver no que dava.
> **Eliana:** E como eram essas atividades? De onde você retirou essas atividades? E onde você conseguiu esse livro?
> **Ana Paula:** Retirei de um livro do Mobral, consegui em casa, minha mãe tinha. A atividade pegava a palavra vida, e aí a gente via os dois padrões VÁ, VÉ, VI, VÓ e VU e DÁ, DÉ, DI, DÓ e DU. E aí, eu colocava algumas palavras que tivessem os dois padrões, como VIDA, DÍVIDA. Pedia pra ler, pedia também pra formar as sílabas, pegar as sílabas e formar palavras. Eram atividades assim... Havia outras atividades no livro que não deu pra pegar porque realmente eram absurdas, do tipo para copiar as sílabas. E aí eu vi que não resultou muito, não resultou.

Alguns pontos precisam ser destacados nessas falas de Ana Paula. Ao mesmo tempo em que temia realizar atividades relacionadas ao método silábico, ela quis fazê-las e, para isso, buscou um material elaborado para adultos, que parece ter sido utilizado também por sua mãe. No entanto, todas as vezes que falou sobre a realização desse tipo de atividade, ela afirmou que não tinha dado certo e justificava isso por serem atividades sem sentido para os alunos. Na fala a seguir, ela explica por que a atividade do livro não teve êxito, apontando uma outra razão:

> **Eliana:** Por que não resultou muito?
> **Ana Paula:** Porque não estava contextualizada, não era uma coisa real. Era uma coisa abstrata, era só pegar um monte de... E eles decoram, **eles não fazem a relação verdadeira.** Eles decoram... Então, como eles sabem, ali é *vida*, ali é *dívida*, ali é *diva*; eles já sabem que é uma seqüência de palavras e eles só fazem repetir.

---

[3] O livro a que se refere Ana Paula é *Linguagem: caderno de atividades*. 2. ed. Rio de Janeiro, 1988. (Programa de Educação Básica – Alfabetização 1), da Fundação Nacional para Educação de Jovens e Adultos – EDUCAR.

Eles não estão fazendo a relação som/grafia. Eles não estão lendo e percebendo que ali é VIDA. Eles decoraram a lógica, a seqüência de palavras.

Ao trabalhar com os padrões silábicos a partir de uma palavra (trabalho característico do método silábico), Ana Paula percebeu que os alunos apenas decoravam os padrões e as palavras formadas por eles e depois os esqueciam. E, assim, conseguiu perceber que essas atividades não proporcionavam uma reflexão sobre a relação som/grafia – a "relação verdadeira" –, necessária à aprendizagem do sistema de escrita alfabético. Ela foi *inventando* uma nova metodologia de trabalho para "alfabetizar letrando", a partir do que havia vivenciado e ainda vivenciava como aluna do curso de Pedagogia e bolsista de iniciação científica de um projeto na área de alfabetização[4] e do que era discutido e socializado nos encontros semanais e seminários mensais de formação do programa. E nessa construção, Ana Paula percebeu que o trabalho com sílabas era fundamental, mas não nos moldes tradicionais. Persistir em uma prática "tradicional", para ela, seria desconsiderar as experiências de letramento dos seus alunos, como eles próprios relataram:

> **Ana Paula:** um aluno me disse: "Paula, a gente não tem que ficar feito criança aprendendo *pá, pé, pi, pó e pu* e *bá, bé, bi, bó e bu*. Isso é coisa para criança, a gente tem que aprender essas coisas[5]. Essa coisa de cartilhas não serve para nada não, o que serve é isso". E aí, eu ouvi meu aluno, e esse depoimento foi um peso pra mim; foi quando eu me dei conta de que realmente o

---

[4] Ana Paula, desde fevereiro de 2003, vem participando como bolsista de Iniciação Científica (CNPq) do projeto "Mudanças didáticas e pedagógicas nas práticas de alfabetização: que sugerem os novos livros didáticos? Que dizem/fazem os professores?, coordenado pelos professores Artur Gomes de Morais, Eliana Albuquerque e Andréa Brito Ferreira.

[5] O aluno se refere a um trabalho sobre Tarsila do Amaral, presente no livro *Viver, Aprender: Educação de Jovens e Adultos*. 3. ed. São Paulo: Editora Global/ Ação Educativa, 2002.

trabalho com padrões silábicos e o método silábico não serve, único sem nada. Não quer dizer que você não vai falar de sílaba, que não vai trabalhar com sílabas, sim, mas tem que ter uma relação.

Em outro momento, ela responde à pergunta-título deste artigo afirmando ser possível alfabetizar sem o "*bá, bé, bi, bó, bu*", mas não sem padrões silábicos:

> **Ana Paula:** É possível alfabetizar sem BÁ, BÉ, BI, BÓ e BU. Mas isso não quer dizer que a gente tenha que descartar os padrões silábicos; eles existem, e a gente tem que trabalhar, mas não da forma como era trabalhado o método silábico.

Na construção de uma metodologia de alfabetização diferente daquela na qual foi alfabetizada, o que significa, para essa alfabetizadora, alfabetizar com "padrões silábicos"?

> **Eliana:** E como era, então, esse seu trabalho com sílabas?
> **Ana Paula:** O silabário foi uma coisa que eu descobri, assim no fim do projeto em que eu comecei a trabalhar com o silabário e comecei a observar que eles liam, tanto com o silabário como com o alfabeto móvel, eles liam. Começaram a perceber que aquela sílaba, aquela letra junto de uma outra forma uma sílaba e tem um determinado som. E eles conseguiram fazer a relação som/grafia. Gostei muito do silabário, achei interessante. [...] Eu descobri uma coisa, que, além da análise de reflexão fonológica, alguns jogos: silabário, alfabeto móvel, quando você trabalha com músicas, com parlenda, quando você pede para segmentar os textos, eles começam a observar que os textos possuem frases, e as frases possuem palavras, e as palavras são divididas em sílabas, em letras.

Trabalhar com "padrões silábicos", na prática dessa alfabetizadora, significava realizar atividades de Análise Fonológica no nível da sílaba, segmentando as palavras em sílabas, comparando palavras etc.:

Eliana: Mas, para eles se apropriarem do sistema, se você não usava famílias silábicas, o que você usava?
Ana Paula: Reflexão fonológica.
Eliana: Como era esse trabalho com reflexão fonológica?
Ana Paula: A gente segmentava palavras em sílabas, contava as sílabas das palavras, a gente observava quais eram as maiores, as palavras menores, as palavras que começavam com tais e tais sílabas, as que terminavam com tais e tais sílabas. [...] Eu solicitava rimas: me dêem palavras que rimem com isto e aquilo.

A seguir, apresentaremos um relato de experiência[6] dessa professora, que demonstra o processo de construção de uma prática baseada no "alfabetizar letrando":

Para a realização desta aula, nós tínhamos como objetivo primordial trabalhar com textos de gêneros diversos, enfatizando atividades que envolvessem Leitura, Produção Textual e Consciência Fonológica. Dessa forma, para trabalhar com esses conteúdos e esses temas abordados, distribuímos para cada aluno da turma a poesia: "Salada de Frutas" (ALBA TOLEDO).

Salada de frutas
Alba de Castro Toledo

Já comeu a salada de frutas
da Clarissa?
Não?
Você não sabe o que é delícia!

Tem manga rosa, amarelinha...
Tem maçã verde,
mas madurinha.

---
[6] Esse relato está presente na página do Programa Brasil Alfabetizado do site www.ce.ufpe.br

Banana-prata,
mas bem molinha
Laranja-lima
doce feito mel.
Abacate maciinho
e morango bem fresquinho!
Hum... é uma delícia
a salada da Clarissa!
Com sorvete então
que coisa louca!
Já estou com água na boca.
Você não?

Inicialmente exploramos algumas propriedades do texto como o título, o autor e a referência. Depois pedimos que, em dupla, os alunos fizessem uma leitura silenciosa. Após essa leitura, lemos coletivamente o texto e aproveitamos para fazer uma leitura protocolada, enfatizando a interpretação textual. Em seguida, segmentamos o texto, marcando os espaços entre as palavras.

No dia seguinte, propusemos um exercício de análise fonológica, mais especificamente identificação de palavras que possuem rima, destacando a relação som/grafia. Resolvemos, também, explorar a escrita de palavras, investigando, com isso, em que nível de escrita os alunos estavam. Assim, fizemos um ditado de palavras a partir do texto. As palavras utilizadas foram: SALADA, BANANA, CLARISSA, FRESQUINHO, FRUTAS, LARANJA, MORANGO, SORVETE, MANGA, ABACATE, MAÇÃ, BOCA. Nesse ditado, aos alunos, foi dada a chance de fazer a correção coletiva, na qual, individualmente, cada um corrigia a palavra escrita incorretamente. Nessa correção, nós solicitávamos que cada aluno nos informasse como tinha escrito a palavra e, em seguida, indagávamos à turma se a palavra estava escrita corretamente; caso não estivesse, nós pedíamos sugestões para os alunos a fim de que juntos escrevêssemos na forma convencional. Dessa maneira, pudemos promover conflitos nos alunos, sobretudo quando se tratava de palavras cuja escrita não correspondia à forma oral da palavra, como, por exemplo, ABACATE, que muitos escreviam ABACATI.

Fizemos também um bingo de letras com as palavras retiradas do texto "Salada de Frutas". Como pretendíamos trabalhar com o gênero *Receita Culinária*, solicitamos que os alunos pesquisassem antecipadamente esse gênero, copiassem, nos cadernos, algumas receitas e trouxessem para a sala de aula para serem lidas e socializadas.

Durante uma semana de aula trabalhando o texto "Salada de Frutas" de forma sistemática, propondo atividades de Consciência Fonológica, Ditado, Leitura Protocolada, entre outros exercícios, resolvemos indagar aos alunos a possibilidade de fazermos, em sala de aula, uma salada de frutas. Com a aprovação da turma, tivemos a idéia de propor a produção coletiva de uma lista de compras, pois, já que iríamos fazer uma salada de frutas, teríamos que ter os materiais apropriados para essa receita. Sendo assim, precisaríamos ter os produtos planejados previamente. Portanto, lemos, para a turma, um exemplo de lista de compras retirado do livro *ALP Alfabetização*. E assim produzimos uma lista de compras para a nossa salada de frutas, elaboramos a receita e, por fim, fizemos a salada.

Ao trabalhar com o tema "Salada de frutas", tentei criar diferentes situações de aprendizagem que envolviam desde atividades como leitura, ditado, produções textuais até atividades de consciência fonológica. É valido salientar que buscamos a produção de gêneros textuais diversos, como listas de compras e receitas culinárias. E, acima de tudo, todas as atividades descritas nesse relato de experiência estavam inseridas em uma finalidade concreta: a produção da salada de frutas, o que incutiu nos alunos uma maior motivação, pois não se tratava apenas de uma atividade escolar, mas de uma situação presente no cotidiano dos sujeitos.

Algumas considerações

Trabalhando com formação de professores alfabetizadores de diferentes redes de ensino, assim como com nossos alunos alfabetizadores que participaram do Programa Brasil Alfabetizado, nos deparamos com uma pergunta muito comum: *Por que não alfabetizar através das famílias silábicas?* Para defenderem uma prática que envolve o trabalho com a palavra e com as "famílias silábicas" das sílabas que a compõem, muitas vezes, eles se referem à experiência do mestre Paulo Freire, afirmando: "Se ele fazia assim, por que a gente também não deve fazer?"

Para muitos pesquisadores e formadores, esses professores, ao persistirem no desenvolvimento de uma prática considerada hoje "tradicional", seriam resistentes ou avessos a mudanças ou então não teriam tido acesso à discussão desenvolvida nos últimos anos sobre alfabetização.

Pesquisas, no entanto, têm apontado para o fato de os professores estarem realizando mudanças em suas práticas de ensino (ALBUQUERQUE, 2002), principalmente no que se refere ao trabalho com diferentes gêneros de textos. Os autores dos livros didáticos de alfabetização recomendados pelo PNLD/ 2004 também realizaram mudanças, buscando contemplar a perspectiva do letramento, uma vez que mesmo os livros recomendados com ressalvas apresentam um bom repertório textual, ainda que deixem a desejar em outros aspectos. Vivemos em um momento, como bem afirmou Soares (2003), em que alfabetização se confunde com letramento, com prevalência deste último e perda de especificidade da primeira.

Nesse contexto, os professores parecem perceber, ainda que intuitivamente, que, para alfabetizar, não é suficiente que os alunos estejam inseridos em atividades de leitura e produção de textos, pois estas não garantem que eles se apropriem do sistema de escrita alfabético. Assim, por não saberem o que fazer de diferente, mas conscientes da importância de um trabalho não só no nível do texto, mas que também envolva uma reflexão sobre a palavra e seus componentes, os professores são levados a fazer o que sabem, ainda que isso signifique o desenvolvimento de atividades vinculadas a um método tradicional de alfabetização.

No caso específico da professora Ana Paula, percebemos que ela iniciou uma prática priorizando as atividades de leitura, e, nesse momento, as sugestões de sua mãe não eram ainda "tentadoras". Em seguida, sentiu necessidade de um trabalho mais sistemático com as palavras que possibilitasse que os alunos se apropriassem do sistema de escrita alfabético. Juntamente com as atividades que constituíam uma prática baseada no método silábico e que lhe eram familiares, ela foi descobrindo a importância das atividades de análise fonológica para a alfabetização dos adultos e foi construindo sua prática pedagógica. Acreditamos que alguns elementos da formação contribuíram para essa descoberta, como os descritos a seguir:

- **Alguns textos produzidos pelos professores-formadores[7], que foram lidos e discutidos nos encontros de formação, enfatizavam as especificidades do ensino da apropriação do sistema. O texto de Telma Ferraz, por exemplo, intitulado "A aprendizagem dos princípios básicos do sistema alfabético: por que é importante sistematizar o ensino?", apresenta várias atividades envolvendo uma reflexão no nível da sílaba. Já o artigo de Artur Morais e Eliana Albuquerque, "Alfabetização e letramento: o que são? Como se relacionam? Como alfabetizar letrando?", reflete sobre o fato de que não é possível alfabetizar apenas com atividades de leitura e produção de textos, chamando a atenção para a importância das atividades de análise fonológica.**

---

[7] Os textos produzidos pelos professores-formadores foram publicados no livro organizado por Eliana Albuquerque e Telma Ferraz: *Alfabetização de Jovens e Adultos em uma perspectiva de letramento*, Editora Autêntica, 2004.

- Nos encontros semanais, refletíamos sobre as atividades desenvolvidas pelos alfabetizadores e realizávamos coletivamente o planejamento das atividades da semana seguinte. Assim, diferentes experiências foram socializadas e discutidas, assim como as angústias, as incertezas e os avanços obtidos.

- Os seminários mensais que discutiam temáticas relacionadas à alfabetização de jovens e adultos possibilitaram um enriquecimento teórico-metodológico, uma vez que eram retomados nos encontros semanais de formação.

Enfim, é preciso "reinventar a alfabetização", como bem colocou Soares (2003). E foi exatamente isso que Ana Paula, juntamente com os outros alfabetizadores e professores-formadores do Programa Brasil Alfabetizado, tentou fazer. Assim, depois de seis meses de trabalho, podemos responder à pergunta que constitui o título deste artigo de forma afirmativa: é possível, sim, alfabetizar sem o tradicional *bá, bé, bi, bó, bu*, a partir do desenvolvimento de atividades que não só envolvam a leitura e produção de diferentes gêneros, mas que também levem os alunos a refletir sobre as características do nosso sistema de escrita.

Referências

ALBUQUERQUE, Eliana B. C. *Apropriações de propostas oficiais de ensino de leitura por professores: o caso do Recife*. Faculdade de Educação, UFMG, 2002 (Tese de Doutorado).

FERREIRO, E.; TEBEROSKY, A . *Psicogênese da Língua Escrita*. Porto Alegre: Artes Médicas, 1985

FERREIRO, E. *Reflexões sobre alfabetização*. São Paulo: Cortez, 1985.

HOUAISS, A *Dicionário Houaiss da Língua Portuguesa*. São Paulo: Objetiva, 2001.

SOARES, M. *Letramento: um tema em três gêneros*. Belo Horizonte: Autêntica, 1998a.

SOARES, Magda. Letramento e alfabetização: as muitas facetas. *Anais da 26ª. Reunião Anual da ANPEd*, em outubro de 2002.

TEBEROSKY, A. *Aprendendo a escrever*. São Paulo: Ática, 1995.

O planejamento como estratégia de formação de professores:

organização e reflexão
sobre o cotidiano da sala de aula

Telma Ferraz Leal

Começo de conversa:
ouvindo algumas professoras...

A aula iniciou-se às 18h15. Nesse dia, tínhamos planejado trabalhar (durante toda a semana) o gênero textual "música". E como todos já haviam sido avisados (no dia anterior) do trabalho da semana, já tinham um certo preparo a respeito do que seria tratado em sala de aula. Logo, iniciamos a aula com a leitura da música que seria trabalhada naquela noite: "Pensamento", de Cidade Negra. Após ter proposto uma leitura silenciosa a eles, li juntamente com eles, em voz alta (pela primeira vez); depois lemos algumas partes da música em uníssono. Após esse momento de leitura, coloquei o CD no som, e eles puderam ouvir a música (cada um tinha em suas mãos a cópia da letra da canção). [...] Após a música, refletimos, e houve um debate em cima do que a letra diz. Todos participaram e deram seu parecer sobre o que entenderam da canção. Muitos surpreenderam quando interpretaram a letra. Uma aluna que não sabia (na época) ler explicou e respondeu a todas as perguntas referentes ao texto. Já outros estiveram falando da lição de vida que a letra transparece. Depois dessa discussão, foi proposta uma atividade... (Adriana Costa, 16/03/2004)

Com o objetivo de trabalhar a temática "cidade", iniciei as atividades com a leitura da música de Chico Science: "A Cidade". Escolhi essa música porque a mesma trata, de forma geral, os problemas que ocorrem na cidade do Recife, possibilitando, assim, uma reflexão. Após ler todo o texto, retomei-o frase por frase, para discutir o que a música transmitia. Foi um debate muito prazeroso, pois os alunos entenderam a mensagem, e isso se deu por estarmos trabalhando sobre a realidade em que estavam inseridos. Em seguida, fizemos... (Ana Flávia Cavalcante, 02/12/2003)

No dia 24 de março, iniciei a aula fazendo a leitura de dois textos, "As mãozinhas" e "Órfãos da colheita", do livro *Viver e Aprender*, nas páginas 170 e 171. Essa leitura foi feita coletivamente. Por esses textos retratarem a realidade das crianças trabalhadoras do campo e pelo fato de a maioria dos meus alunos terem trabalhado em colheita de algodão, sisal, cana-de-açúcar etc., a discussão em torno desse assunto foi grande. Aconteceram várias lembranças de trabalhos que foram sendo anotadas no quadro. Pode-se citar o exemplo da aluna Maria do Carmo que nos disse: "Muitas vezes eu deixava de trabalhar na colheita de algodão para brincar com os meus coleguinhas". Alguns pontos interessantes dessas lembranças foram sendo anotados no quadro. Terminada esta atividade, questionei-os sobre a situação das crianças trabalhadoras da cidade de hoje. Os alunos falaram que, atualmente, as crianças trabalham em sinais, casas de família, vendendo pipocas e outros. Resolvi fazer a leitura em voz alta da música "Meu guri" de Chico Buarque. No decorrer da leitura, fui pausando, algumas vezes, para que os alunos pudessem compreender melhor o texto. As alunas Rosimeri e Verônica disseram que o guri a que o compositor se referia era um ladrão. Os outros alunos não tinham certeza desse fato; então, continuei a leitura para conferir. A interpretação e a compreensão dos alunos foram muito boas. Eles foram fazendo comentários tranqüilamente. Muitos tinham histórias parecidas na família ou vizinhos, o que ajudou na compreensão do texto. (Ana Paula Bastos, 24/03/2004)

Os três extratos de relato acima transcritos têm muitas semelhanças. Adriana, Ana Flávia e Ana Paula iniciaram a aula realizando uma leitura de um texto, que foi seguida por uma discussão sobre o tema tratado pelo autor, com participação intensa dos alunos. Outra semelhança é quanto ao tipo de interação entre professoras e alunos: os jovens/adultos sabiam qual seria o tema e/ou gênero textual a ser trabalhado durante o período.

Essas semelhanças não foram meras coincidências. As três professoras estavam praticando um tipo de intervenção didática discutido e refletido nos encontros de formação dos quais participavam. O pressuposto de que a leitura de textos realizada pelo professor seria um momento rico de ampliação do nível de letramento do aluno foi apropriado por elas a partir de momentos preciosos de planejamento coletivo e socialização desses planejamentos.

Por outro lado, a idéia de que seria necessário compartilhar com os alunos o planejamento geral, indicando temas e/ou gêneros textuais a serem aprofundados durante um determinado período, também foi objeto de reflexão entre formadores e professores participantes do Projeto Brasil Alfabetizado do município do Recife.

Através desses exemplos, estamos defendendo que o planejamento é uma estratégia de formação por propiciar a explicitação de princípios didáticos fundamentais, articulando-os aos saberes práticos que são geradas no cotidiano da experiência docente.

O planejamento em momentos de formação, embora seja visto como um procedimento rico para ajudar o professor a transpor para a prática os modelos teóricos que estão sendo apropriados, não pode, no entanto, ser visto como um meio de uniformizar as práticas docentes, levando os professores a homogeneizar suas ações em sala de aula.

Para que esse não seja o foco da formação, é preciso que o coordenador pedagógico (ou formador) tenha como objetivo geral, nesses momentos, desenvolver no professor uma prática reflexiva e não levá-lo a repetir procedimentos didáticos e atividades pré-encaminhadas para repetição. As atividades e propostas discutidas seriam modelos para reflexão e não regras didáticas a serem seguidas.

Se retornarmos aos exemplos inicialmente descritos, veremos que Adriana indicou, como objeto de ligação entre as aulas da semana, o gênero que estava trabalhando: música. Nesse caso, a professora tinha como objetivo levar os alunos a ampliarem o repertório de músicas que já tinham e a refletirem sobre o gênero textual. Músicas tratando de diferentes temas foram levadas por ela durante a semana, e, nas discussões, foram enfocados esses temas e os estilos musicais.

Ana Flávia e Ana Paula, no entanto, tinham, como elo de ligação entre as aulas, o tema cidade. Os dois extratos foram retirados de relatos em momentos diferentes (dezembro de 2003 e março de 2004). Vale ressaltar, nesse momento, que, nos encontros de formação, foram sugeridos temas, pelos formadores e professores, e levados textos de diferentes gêneros para servirem de exemplos e motes para os planejamentos. No entanto, o tempo em que permaneceram em cada tema e o enfoque dado ao tema não foram padronizados, de modo que os professores se apropriavam dos princípios didáticos, mas planejavam suas aulas de forma autônoma, mas não solitária.

Dessa forma, propomos que a teorização da prática "na prática" é um caminho para desenvolvermos, enquanto professores, uma ação mais consistente, levando-nos a um planejamento mais elaborado e refletido. Propomos, ainda, que a formação do professor é um momento privilegiado para que isso aconteça.

Para continuarmos nossa discussão, buscaremos, a partir desse momento, explicitar brevemente os pressupostos que adotamos na formação dos professores que participaram do Projeto Brasil Alfabetizado, fruto da parceria entre Prefeitura do Recife e universidades públicas de Recife, e, em seguida, faremos um relato de situações de sala de aula planejadas nos encontros pedagógicos que tiveram como foco a atividade coletiva de planejamento de rotinas e de temas a serem trabalhados. É importante, no entanto, esclarecer que essa não era a única estratégia de formação, conforme pode ser observado nas discussões dos outros capítulos desta obra.

Formação de professores reflexivos: princípio fundamental compartilhado

Carvalho e Simões (1999), a partir das considerações de Reale *et al.* (1995), propõem que a formação continuada de professores e professoras é

> um processo nucleado na própria escola dentro do espiral ação-reflexão-ação, devendo esse processo contemplar: (1) a articulação com o projeto da escola; (2) a valorização da experiência profissional dos participantes; (3) as potencialidades da comunidade escolar e as especificidades da instituição e do trabalho desenvolvido; (4) formas de trabalho coletivo e ação autônoma das escolas.

Diferentes dimensões dessa concepção podem ser foco de nossa atenção. Um princípio fundamental é o de que a formação deve contemplar o desenvolvimento de uma prática reflexiva. Segundo Carvalho e Simões (1999), há, hoje, um certo consenso entre diferentes autores acerca desse pressuposto. Ao analisar periódicos especializados em formação de professores, eles concluem que os autores convergem quanto à idéia de que a formação continuada deve ser uma prática reflexiva vista num contexto sociopolítico-econômico-cultural.

Outro princípio é o de que a formação se dá num espiral ação-reflexão-ação. Schön (1992), a esse respeito, defende que a formação profissional reflexiva insere-se num movimento contínuo que se caracteriza pela articulação permanente entre teoria e prática. Existem, segundo esse autor, três conceitos que integram o pensamento prático reflexivo: (1) o conhecimento-na-ação (tácito); (2) a reflexão-na-ação (pensar sobre a ação); (3) a reflexão sobre a ação e sobre a reflexão-na-ação.

O conhecimento-na-ação, ou conhecimento tácito, seria aquele construído na prática cotidiana do exercício profissional. Concebemos que esse é um saber que se constrói com base nos conhecimentos prévios de formação inicial, articulado com os saberes gerados na prática cotidiana, de forma assistemática e, muitas vezes, sem tomada de consciência acerca dos modos de construção. Para um projeto de formação numa base reflexiva, torna-se fundamental conhecer e valorizar esses conhecimentos que são construídos pelos professores, seja através de uma reflexão teórica, seja através desses processos eminentemente assistemáticos. Essa postura diminuirá a distância tantas vezes reconhecida entre os professores – com seus conhecimentos gerados na prática cotidiana – e os pesquisadores – com seus conhecimentos gerados na academia. Zeichner (1998, p. 207) alerta que "hoje muitos professores sentem que a pesquisa educacional conduzida pelos acadêmicos é irrelevante para suas vidas nas escolas". A fim de evitar esse abismo, torna-se necessário que, no processo de formação, as relações entre esses conhecimentos seja, de fato, tematizada.

O processo de reflexão na ação, segundo Schön (1995, p. 83):

Pode ser desenvolvido numa série de momentos subtilmente combinados numa habilidosa prática de ensino. Existe, primeiramente, um momento de surpresa: um professor reflexivo permite-se ser surpreendido pelo que o aluno faz. Num segundo momento, reflecte sobre esse facto, ou seja, pensa sobre aquilo que o aluno disse ou fez e, simultaneamente, procura compreender a razão por que foi surpreendido. Depois, num terceiro momento, reformula o problema suscitado pela situação [...] Num quarto momento, efectua uma experiência para testar a sua nova hipótese: por exemplo, coloca uma nova questão ou estabelece uma nova tarefa para testar a hipótese que formulou sobre o modo de pensar do aluno. Este processo de reflexão-na-ação não exige palavras.

Por fim, ao falar sobre a reflexão sobre a reflexão-na-ação, o autor salienta que:

É possível olhar retrospectivamente e reflectir sobre a reflexão-na-ação. Após a aula, o professor pode pensar no que aconteceu, no que observou, no significado que lhe deu e na eventual adopção de outros sentidos. Reflectir sobre a reflexão-na-acção é uma acção, uma observação e uma descrição, que exige o uso de palavras.

Ao adotar esse pressuposto de Schön, é necessário garantir não apenas o estímulo às estratégias de refletir sobre a prática cotidiana, mas também às estratégias de registrar e teorizar sobre essa prática. Dessa forma, no processo de formação, tínhamos a certeza de que seria imprescindível estruturar os encontros pedagógicos de modo a recuperar a prática cotidiana e articular a reflexão que os professores já faziam sobre ela às reflexões de outros agentes e dos autores com os quais dialogávamos. Aceitamos, portanto, de Perrenoud (1999, p. 11), a idéia de que "a prática reflexiva metódica tem necessidade de disciplina e de métodos para observar, memorizar, escrever, analisar após compreender, escolher novas opções".

As atividades de planejamento coletivo com discussão sobre os pressupostos que orientaram as escolhas didáticas levavam a desenvolver atitudes de registro, e a perspectiva de socialização do que tinha sido feito levava à retomada dos registros e da articulação com os conceitos estudados. A relevância dessas estratégias repousa, principalmente, na idéia de que

> são as observações, os registros de situações e as reflexões sobre essas observações que lhe possibilitam (ao professor) distanciar-se de seu fazer e compreendê-lo de forma mais ampla, não mais como simples agir, mas como uma ação didática possível de ser generalizada e transferida para novas situações (MAGALHÃES; YAZBEK, 1999, p. 37).

Um outro pressuposto presente no conceito explicitado anteriormente (REALE *et al.*, 1995) é o de que esse processo seria nucleado na própria escola. Esse princípio está pautado na idéia de que a formação não é uma responsabilidade nem uma construção individual. Em relação a tal concepção, Zeichner e Liston (1996), ao comentarem sobre a perspectiva de Schön, atentam que não se deve desconsiderar a dimensão contextual a que as atividades de reflexão estão ligadas, pois, como salientam Campos e Pessoa (1998, p. 201),

> uma prática do professor, embora momentaneamente individual, estará sempre carregada das condições político-sociais e institucionais, e a compreensão do contexto, numa visão mais ampla e alargada, deve estar presente na reflexão sobre sua prática.

Para Zeichner e Liston (1996, p. 11),

> uma das várias sinalizações para detectar a atitude reflexiva do professor é verificar se ao avaliar o seu próprio trabalho ele se submete a questionamentos mais amplos como "os resultados são bons, para quem e de que maneira" e não simplesmente restringir-se a "os meus objetivos foram atingidos".

Assim, como propõe Perrenoud (1999, p. 11),

> um profissional reflexivo aceita fazer parte do problema. Reflete sobre sua própria relação com o saber, com as pessoas, o poder, as instituições, as tecnologias, o tempo que passa, a cooperação, tanto quanto sobre o modo de superar as limitações ou de tornar seus gestos técnicos mais eficazes.

O trabalho que ora socializamos nesta obra não poderia atender ao princípio da nucleação na escola, dada a natureza do trabalho pedagógico desenvolvido. As turmas de alfabetização eram atendidas em diferentes espaços sociais: igrejas, associações, escolas, clubes, empresas, dentre outros. No entanto, tomamos a universidade como espaço comum de construção coletiva. Assim, buscamos contemplar o postulado de que é necessário articular a prática de formação a um projeto coletivo que, no caso, era o "Projeto Mobilização e Alfabetização de Jovens e Adultos: rede de ação para a cidadania". Os professores-alfabetizadores se encontravam semanalmente e discutiam a proposta pedagógica que orientava os trabalhos, os modelos teóricos que conduziram a elaboração da proposta, os conceitos que eram tomados como objetos de ensino e suas práticas. De modo dinâmico, a proposta pedagógica era freqüentemente avaliada e reconstruída. Havia, portanto, a clareza da especificidade da instituição onde os agentes estavam inseridos.

Buscávamos não perder de vista que, embora as turmas tivessem montadas em ambientes isolados uns dos outros, do ponto de vista físico, faziam parte de uma rede. Adotamos, então, os pressupostos de Perrenoud (1999, p. 11), segundo o qual

> a prática reflexiva até pode ser solitária, mas ela passa também pelos grupos, apela para especialistas externos, insere-se em redes, isto é, apóia-se sobre formações, oferecendo os instrumentos ou as bases teóricas para melhor compreender os processos em jogo e melhor compreender os processos em si mesmo.

Nessa concepção, tornava-se imprescindível proporcionar a interação entre diferentes agentes no processo de formação. Por isso, adotamos estratégias de construção coletiva de saberes e assumimos o pressuposto de que o planejamento coletivo, como uma das estratégias de formação, seria eficaz no sentido de oferecer espaço para socialização de saberes prévios ao da formação e para construção compartilhada de novos saberes. Concordamos, portanto, com Nóvoa (1995, p. 25) quando ele afirma que

> não se trata de mobilizar a experiência apenas numa dimensão pedagógica, mas também num quadro conceptual de produção de saberes. Por isso, é importante a criação de redes de (auto) formação participada, que permitam compreender a globalidade do sujeito, assumindo a formação como um processo interactivo e dinâmico. A troca de experiências e a partilha de saberes consolidam espaços de formação mútua, nos quais cada professor é chamado a desempenhar, simultaneamente, o papel de formador e de formando.

Formação de professores-alfabetizadores de jovens e adultos: relato de uma experiência

Conforme dissemos no capítulo introdutório desta obra, os professores-alfabetizadores do "Projeto Mobilização e alfabetização de jovens e adultos: rede de solidariedade para a cidadania" participaram de encontros pedagógicos semanais para estudo e planejamento. Nesses encontros, teorizávamos sobre o cotidiano, utilizando relatos de aulas ministradas e planejamentos elaborados coletivamente a partir de questões levantadas pelo coordenador do grupo (formadores[1]).

---

[1] Os coordenadores de grupo acompanhavam os professores através dos encontros semanais e atendimentos individuais, quando eram solicitados. Assumiam a função de formadores, levando atividades a serem realizadas nos encontros pedagógicos. Esses coordenadores eram professores das universidades públicas, ex-alunos e alunos de mestrado ou doutorado na pós-graduação em Educação da UFPE.

Para realização dos planejamentos, solicitávamos que fossem observadas as orientações gerais e concepções sobre aprendizagem e sobre alfabetização discutidas nos encontros. Uma das orientações era a de que os alfabetizadores tentassem articular as aulas através da definição de um tema a ser trabalhado durante um intervalo de tempo.

O tema geral a ser considerado durante todo o curso de alfabetização era "Trajetória de construção da identidade pessoal e social". Assim, o fio condutor que ligaria todos os temas seria a história de vida dos alunos, levando-os a reconhecer as ferramentas culturais criadas em diferentes esferas de interação social e suas próprias estratégias de interação através dessas ferramentas culturais.

A partir desse tema geral, subtemas foram sugeridos: 1) Eu, família e escola, 2) Cidade, 3) Trabalho, 4) Saúde, 5) Comunicação, 6) Arte, 7) Religião, 8) Organizações sociais/políticas, 9) Direitos sociais. Em cada tema, os professores tinham como tarefa resgatar com os alunos conhecimentos que eles já dispunham e os modos como tais conhecimentos foram construídos, havendo um esforço para explicitar com eles os gêneros textuais a que tiveram acesso para construírem tais conhecimentos. Feito isso, tentávamos levar outros gêneros textuais menos freqüentes no universo dos alunos, refletindo sobre eles e sobre seus conteúdos.

A proposta, então, era que os alfabetizadores escolhessem um tema e, em cada dia, buscassem textos para aprofundar as reflexões que os alunos já faziam. Além de terem como referência para o planejamento os temas propostos, os professores tinham também uma sugestão de organização diária das atividades. Era proposta uma rotina que, embora flexível, ajudava a garantir que o tempo pedagógico fosse suficiente para que os alunos tivessem, além das atividades de leitura e produção de textos, outras atividades destinadas à reflexão sobre o sistema alfabético, desde que os jovens e adultos tivessem como interesse principal a apropriação das ferramentas básicas da leitura/escrita. Assim, era proposto que as aulas, na maioria das vezes, fossem divididas em três momentos: leitura de textos, com estratégias de antecipações; atividades de reflexão sobre o sistema alfabético; projetos didáticos, com produção de textos. Tentaremos descrever melhor cada etapa da rotina diária.

Leitura de textos, com estratégias de antecipações

Uma das sugestões mais debatidas nos encontros de formação era a de que houvesse leitura de textos pelos professores, de modo a oferecer um modelo de leitura fluente e ampliar o repertório dos alunos de gêneros textuais e de textos sobre os temas em questão. Para mostrar diferentes procedimentos de leitura e ampliar o leque de textos dos próprios alfabetizadores, os formadores realizavam, no início de cada encontro pedagógico, a leitura de um texto (letra de música, poema, crônica, conto, notícia, dentre outros) relacionado a um dos temas sugeridos.

A leitura era realizada como uma atividade permanente, tanto nos encontros de formação quanto nas aulas de alfabetização dos jovens e adultos. Salientamos para os alfabetizadores que:

> as atividades permanentes são intervenções pedagógicas organizadas de forma que há uma certa repetição de procedimentos num intervalo de tempo. Elas ajudam o professor a assegurar que determinados objetivos sejam perseguidos durante um certo período, podendo, em função da constância com que acontecem, favorecer o processo de avaliação acerca do quanto tais objetivos já foram, ou não, alcançados. É uma modalidade de organização das propostas pedagógicas muito adequada aos objetivos atitudinais (relativos ao desenvolvimento de atitudes e valores) e procedimentais (relativos ao desenvolvimento de estratégias de ação, ao "como fazer", "como realizar determinadas atividades"). (Leal, 2004)

Os extratos de relato de aula da professora Patrícia Aires, a seguir, ilustram a incorporação da atividade permanente nas aulas de modo a criar na professora e nos alunos uma expectativa de que essa parte da aula será realizada cotidianamente.

> Foi realizada, para iniciar essa aula, a leitura da mensagem de Drummond. Os alunos comentaram a leitura. Pela primeira vez... (22/10/2003).
> Foi realizada, para começar a aula, a leitura de uma parlenda num cartaz (24/10/2003).
> A aula iniciou com a leitura protocolada: "Caso de Secretária" de Drummond. (28/10/2003).
> Leitura: Introdução da matéria sobre programas de alfabetização de adultos retirada da revista *Nova Escola* do mês de outubro. (30/10/2003).

A opção por tornar a leitura pelo professor, com variação nas estratégias adotadas, uma atividade permanente ajudava os professores a organizar o planejamento diário e a garantir o elo entre as aulas, havendo uma articulação através da escolha do tema que estava sendo tratado.

Essa parte da aula seria dividida em atividades de antecipações e resgate de conhecimentos prévios, leitura do texto e reflexões após leitura. Essa seqüência não era fixa, havendo muitas variações nos planejamentos discutidos nos encontros.

Os momentos de antecipação tinham diferentes objetivos. Uma das abordagens era centrada na recuperação/exploração dos conhecimentos prévios sobre o tema, que era discutido através do levantamento dos saberes anteriores sobre o assunto em pauta, com levantamento de outras questões a serem debatidas e hipóteses explicativas dos questionamentos feitos pelo professor. Uma outra abordagem, que podia ser articulada à anteriormente descrita, era centrada no trabalho de estimulação para que os alunos explicitassem as fontes dos conhecimentos (suportes textuais, gêneros textuais, esferas em que tais informações circulam) e as estratégias de acesso a tais informações. Havia, ainda, situações em que ocorria discussão e/ou levantamento de hipóteses sobre o texto a ser lido (finalidade, destinatário, esfera de circulação...).

Durante a leitura do texto, havia, também, grande diversidade de procedimentos didáticos, com estimulação de utilização de estratégias de antecipação de trechos a serem lidos adiante, localização, inferência, verificação, generalização, dentre outras. Após a leitura, eram realizadas discussões, com resgate da história de vida dos alunos, extrapolação para outros temas ou, ainda, discussão que retomava outros textos lidos ou conhecidos pelos alunos, a fim de levá-los a estabelecer relações intertextuais.

Cada uma dessas estratégias foi discutida e exemplificada nos encontros pedagógicos, seja através da realização de leitura pelo formador, seja através de análise de relatórios de aula dos alfabetizadores, seja através dos planejamentos feitos por eles nos encontros pedagógicos.

ATIVIDADES DE REFLEXÃO SOBRE O SISTEMA ALFABÉTICO

Uma orientação didática muito discutida com os professores era a de que houvesse diariamente atividades voltadas para a construção dos conhecimentos sobre o sistema alfabético.

Para argumentar sobre a importância desse momento da aula, iniciamos, nos encontros pedagógicos, com a discussão sobre o que é o sistema alfabético, levando os alfabetizadores a explicitar os conhecimentos necessários para que os alunos soubessem ler e escrever usando os princípios do sistema. Os percursos de aprendizagem dos princípios básicos do sistema de escrita também foram amplamente discutidos, com análise de escrita dos próprios alunos nas provas diagnósticas. Por fim, refletimos sobre as estratégias didáticas que favorecem a compreensão do sistema.

Essas estratégias didáticas foram discutidas a partir de diferentes maneiras: análise de programas de vídeo, análise de propostas de atividades levadas pelo grupo e pelo formador, análise de propostas de atividades de livros didáticos e discussão de relatos de experiência e de planejamentos de aula.

Nessa parte da aula, os alfabetizadores levavam atividades diversificadas que colocavam em evidência diferentes princípios do sistema. Havia privilégio de atividades em que os alunos precisavam compor e decompor palavras, comparar palavras, realizar análise fonológica, reconhecer palavras em meio a outras palavras, sistematizar correspondências grafofônicas, dentre outras. Enfim, havia uma preocupação em diversificar os tipos de atividades e em variá-los entre os alunos, de modo a adequar as atividades ao perfil do grupo, que, em geral, continha alunos de diferentes níveis de compreensão do sistema alfabético (pré-silábico, silábico, silábico-alfabético e alfabético).

Essa parte da aula era, muitas vezes, articulada às outras etapas através da escolha das palavras a serem trabalhadas ou através da proposição de atividades de reflexão no próprio texto. Assim, elas podiam ser organizadas como "seqüências didáticas", como atividades seqüenciais ou como atividades esporádicas.

As seqüências didáticas, segundo Brousseau (1996), são intervenções didáticas caracterizadas por um conjunto de atividades organizadas em quatro fases: situação de ação, situação de formulação, situação de validação e situação de institucionalização. Na situação de ação, há sugestão de um problema a ser resolvido a partir dos conhecimentos prévios de que os alunos já dispõem. Na situação de formulação, o professor sugere uma atividade (ou mais de uma) em que os alunos precisam explicitar para os colegas (em dupla, trio ou grupo maior) as estratégias que eles usaram para encontrar as respostas. Nesse momento, eles discutem entre pares as respostas encontradas. Na situação de validação, os alunos resolvem novas atividades utilizando os conhecimentos que construíram em dupla ou em grupo. Por fim, na situação de institucionalização, o professor atua como organizador das informações, sistematizando os conhecimentos e ajudando os alunos a integrarem as informações disponibilizadas durante toda a seqüência.

A professora Jesica Dantas, em um dos seus relatos de experiência, contou-nos como tinha realizado uma seqüência didática para reflexão sobre o sistema alfabético:

> A turma foi dividida em dois grandes grupos: adultos dos níveis iniciais (pré-silábicos e silábicos) e níveis finais (silábico-alfabéticos e alfabéticos). Com os níveis iniciais, foram feitas atividades de localização de palavras no texto do livro didático. Foi pedido que os alunos abrissem o livro na página em que o texto estava colocado e que procurassem as palavras que eram ditadas. Após a localização, os alunos trocavam os livros para que o colega ao lado pudesse verificar se o outro fez corretamente, indicando para o colega se havia concordância. Quando existiam dúvidas, a professora levava ao quadro para que os alunos pudessem opinar sobre a forma de escrever aquela palavra. Após se esgotarem as possibilidades, era feita votação da palavra grafada corretamente. Quem dizia a palavra correta era um dos alunos dos níveis finais (nem sempre estes acertavam a grafia; e assim, outro aluno era chamado a opinar, e criava-se uma discussão sobre letras com o mesmo som e algumas regras ortográficas, quando era o caso).

Nessa seqüência, cada palavra era pensada pelos alunos numa sucessão de procura individual com base nos conhecimentos prévios, numa situação de ação; confronto com outros colegas que também tinham realizado a tarefa individualmente, numa situação de formulação; e discussão coletiva, para institucionalização. Cada nova palavra podia ser pensada como uma etapa de validação das hipóteses construídas a partir da reflexão da palavra anterior. A professora assumia uma postura problematizadora, colocando em evidência os conhecimentos explicitados pelos alunos e levando-os a confrontar as hipóteses que tinham sido levantadas.

As atividades seqüenciais são procedimentos didáticos em que um conjunto de atividades é realizado em sala de aula, de modo que há uma articulação entre elas. Ou seja, o professor preocupa-se em fazer com que cada atividade tenha alguma relação com a atividade anterior. O relato da professora Amanda pode ajudar a entender esse tipo de organização das atividades.

> Durante todo o mês de janeiro, o tema trabalhado em sala de aula foi "Cidade". Inicialmente debatemos o significado dessa palavra e o que ela representa para cada um. Também foram debatidos outros temas que estavam relacionados à cidade como: violência, trânsito, desemprego, entre outros. A primeira atividade foi uma aula-passeio, onde os alunos observaram as ruas, os comércios, o trânsito, a coleta de lixo, as praças, as árvores do bairro do Ipsep. Todos tinham que ficar atentos, observando tudo que pudessem. Ao retornar para a sala de aula, fizemos uma lista de palavras observadas na aula-passeio como: rua, padaria, praça, borracha. Trabalhamos a quantidade de letras das palavras, as sílabas e os sons iniciais das palavras, comparando sempre com outras palavras. Logo em seguida, montamos, em sala de aula, um bingo com as palavras observadas no passeio, em que jogamos três a quatro rodadas, colocando o número de letras e os sons iniciais das palavras. (Amanda Santos, sem data)

O exemplo de Amanda caracteriza uma seqüência em que, embora o tema cidade tenha sido o mote para as tarefas, o objetivo principal dela era a apropriação do sistema alfabético, que foi enfocado com reflexões sobre palavras que estavam articuladas com a atividade anterior e com o tema que seria trabalhado na semana.

As atividades esporádicas são aquelas em que o professor planeja o que será feito sem que seja necessário haver articulação com outras partes da aula ou mesmo com a seqüência de aulas que vem sendo desenvolvida.

O exemplo da professora Eliana Santos pode ser usado para mostrar como diferentes atividades estão presentes em sala de aula sem que necessariamente estejam vinculadas uma com a outra. No caso descrito a seguir, a professora estava vivenciando o tema trabalho. Tentou trazer, em alguns momentos, palavras que tinham relação com trabalho, mas não havia nenhuma seqüência a ser seguida.

> Ao retomar as aulas, começamos pelo tema "trabalho". Nos primeiros momentos, tivemos um diálogo sobre como o grupo-classe conseguiu seu emprego; cada um deu depoimentos pessoais, mostrando os lados positivo e negativo. Fizemos depois algumas atividades: jogo da forca; bingo com os nomes dos equipamentos ou ferramentas utilizadas por eles, completando as palavras ou lendo-as; preenchimento de currículo; trabalho com os classificados; recorte de gravuras de diversas funções; palavras cruzadas; produção de uma solicitação de emprego. (Eliana Santos, 15/01/2004)

PROJETOS DIDÁTICOS, COM PRODUÇÃO DE TEXTOS

A última etapa da aula era destinada ao desenvolvimento de projetos didáticos. Nos encontros de formação, discutimos sobre o que estávamos entendendo como projeto didático, destacando que, nesse tipo de trabalho pedagógico, havia um problema a ser resolvido, um produto a ser produzido pelos alunos e um acompanhamento coletivo de todo o processo. Ou seja, adotamos os princípios propostos por Leite (1998): a intencionalidade por parte do professor e dos alunos; a busca de respostas autênticas e originais para o problema levantado pelo grupo; a seleção de conteúdos em função da necessidade de resolução do problema e da execução do produto final (conhecimento em uso) e a co-participação de todos os envolvidos nas diversas fases do trabalho (planejamento, execução, avaliação).

Nas turmas de alfabetização, os projetos foram momentos ricos, que contemplavam os princípios discutidos nos encontros. Esses estavam inseridos nas discussões sobre os temas, com atividades de produção de textos orais e escritos, atendendo a diferentes finalidades e interlocutores, para melhor apropriação de alguns gêneros textuais mais usuais no cotidiano dos alunos.

O exemplo do trabalho com biografia realizado por Ana Gabriela mostra o quanto o trabalho com projetos didáticos pode auxiliar os alunos e os professores a organizar o ensino e a aprendizagem da língua.

> Desde a segunda semana de aulas, procurei trabalhar com os alunos leituras deleites de biografias de artistas famosos, dando prioridade aos nordestinos e outros que retratavam o nordeste, como Patativa do Assaré, Lula Cardoso Aires, João Cabral de Melo Neto, Cândido Portinari. Inicialmente analisávamos as obras do autor (visualizando a figura dos quadros sobre seca, maracatu etc., ou líamos as músicas e poesias destes), discutíamos o que estava sendo tratado ali para, posteriormente, refletirmos sobre os princípios do sistema alfabético a partir de jogos de alfabetização. Na terceira semana [...], então, nos momentos finais da aula, destinados à produção textual, questionamos e sistematizamos com os alunos o que seria uma biografia e quais suas características. Assim, fizemos, no quadro, uma sistematização das principais informações do gênero em questão. No quarto dia dessa mesma semana, também nos últimos 30 minutos da aula, produzimos autobiografias orais. Ao iniciarmos a quarta semana de aula, tive uma idéia inicial de propor aos alunos a realização de um projeto didático sobre biografias. Íamos produzir um livro de biografias dos alunos da turma a ser entregue à outra turma da Estância, participante do mesmo projeto [...]. Continuamos fazendo leitura de biografias, mas agora acompanhados da produção de autobiografias pelos alunos. [...] Ao fim dessa semana, cada aluno teve que revisar sua biografia usando os documentos que utilizaram (identidade, certidão de nascimento...) [...]. Com os alunos não-alfabéticos, procuramos colocar, na folha oficial, a autobiografia, a fim de utilizar mais tempo para atividades de alfabetização com estes. Passamos, então, a realizar atividades diferentes com os alunos: no momento em que os não-alfabéticos refletiam sobre os princípios do sistema alfabético através de jogos, os alfabetizados revisavam seus textos individualmente (três vezes) e revisavam o

texto do colega (cerca de duas ocorrências). Cada aluno alfabético realizou, assim, no mínimo, duas revisões individuais e teve seu texto revisado por dois colegas diferentes. [...] Produzimos o texto da capa coletivamente e discutimos um pouco sobre o índice e como poderíamos organizá-lo de forma satisfatória. [...]. Assim numeramos as páginas, e a professora sistematizou o índice no quadro para, em seguida, passar para uma folha e finalizar o livro. Esse foi o presente de Natal dessa turma, por correspondência, para seus recentes amigos. (Ana Gabriela Lima, outubro de 2003)

Por fim, a rotina...

Como pudemos verificar, embora os professores tivessem autonomia para selecionar seus recursos didáticos, planejar o tempo em que tratariam os temas propostos, planejar cada aula, tínhamos discussões coletivas e construíamos propostas de rotinas que ajudavam os professores no dia-a-dia a dinamizar suas atividades e a organizar o tempo pedagógico. Assim, tínhamos uma certa unidade que garantia a possibilidade de planejamento coletivo.

A rotina básica proposta, como dissemos anteriormente, era a de garantir a leitura diária de textos, como atividade permanente, com estratégias de antecipações e exploração das características do gênero e do conteúdo; a realização de atividades para compreensão do sistema alfabético, que poderia, ou não, fazer parte de uma seqüência didática ou de atividades seqüenciais; e, por fim, engajamento dos alunos em projetos didáticos em que eram estimulados a escrever textos individuais e/ou coletivos. O exemplo do professor José Sebastião ilustra tal rotina.

> Chego na escola às 18h55 [...]. A atividade programada para hoje, dentro do tema "Cidade", é sobre o ataque de tubarão que ocorreu na praia de Piedade. Eu apliquei a mesma metodologia que trabalhamos na capacitação. Após cumprimentar os alunos que chegaram atrasados, eu fiz a leitura do texto e trabalhei a relação do título com

a mensagem que o texto traz. Fiz também uma explicação sobre o subtítulo da matéria lida e expliquei para eles que gênero textual era aquele. Depois expliquei o que significa o nome arrecifes e sua ligação com a origem do nome da nossa cidade. As palavras trabalhadas foram: Cidade, Recife, Arrecifes e Tubarão. Depois pedi para que se dividissem em grupos de quatro pessoas e produzissem placas explicativas, informando as pessoas sobre o perigo de tomar banho na praia após os arrecifes. Em seguida, cada um explicou a sua placa, e a atividade foi boa... (José Sebastião Ferreira, 15/03/2004)

Como foi dito pelo professor, ele "aplicou a mesma metodologia que trabalhamos na capacitação". O texto utilizado pelo professor não foi lido no encontro pedagógico. As questões que orientaram a discussão foram elaboradas por ele, e a forma como articulou as partes da aula também foi produção individual. No entanto, ele estava apoiado num trabalho coletivo de reflexão sobre propostas didáticas que eram exemplificadas nos encontros. Assim, não estamos diante de uma simples cópia ou repetição. Há uma apropriação individual respaldada por um grupo de pessoas que têm interesses comuns e que tentam chegar a novos saberes sobre a prática docente. Esse apoio com certeza oferece ao professor condições de teorizar de modo mais aprofundado e mais participativo sobre sua prática docente em formação.

Referências

BROUSSEAU, G. *Fondements et méthodes de la didactiques des mathématiques.* RDM vol. 7, n° 2, 1996.

CAMPOS, S.; PESSOA, V. I. F. Discutindo a formação de professoras e de professores com Donald Schön. In: GERALDI, Corinta, M.G.; FIORENTINI, D. e PEREIRA, E. M. A. *Cartografia do trabalho docente: professor(a)-pesquisador(a).* Campinas: Mercado de Letras. ALB, 1998.

CARVALHO, J.M.; SIMÕES, R.H.S. O que dizem os artigos publicados em periódicos especializados, na década de 90, sobre o processo de formação continuada do professor? [arquivo de dados legível por computador]. In: *Anais da Associação Nacional de Pesquisa e Pós-Graduação em Educação - ANPED*. Caxambu, 1999.

LEAL, T. F. Planejar é preciso. In: Olinda, Secretaria de Educação. *Proposta curricular de Educação Infantil*. Olinda, 2004.

LEITE, L. H. A. Pedagogia dos projetos. *Revista Presença Pedagógica*, nº 8, pág. 24-33, 1998.

MAGALHÃES, L.; YAZBEK, A. P. Parceria planejada entre o orientador e o professor. *Seminário Itinerante*. Recife: Centro de Estudos Escola da Vila, 1999.

NÓVOA, A. *Os professores e sua formação*. Lisboa: Dom Quixote, 1995.

PERRENOUD, P. Formar professores em contextos sociais em mudança – Prática reflexiva e participação crítica. *Revista Brasileira de Educação, 12*, 1999.

REALE, A . M. *et al*. O desenvolvimento de um modelo "construtivo-colaborativo" de formação continuada centrado na escola: relato de uma experiência. *Caderno CEDES*, Campinas, n. 36, p. 65-76, 1995.

SCHON, D. *La formación de profissionales reflexivos: hacia um nuevo diseño de la enseãnza u el aprendizage en las profissiones*. Barcelona: Paidós, 1992.

SCHÖN, D. Formar professores como profissionais reflexivos. In: Nóvoa, A. *Os professores e a sua formação*. Lisboa: Dom Quixote, 2. ed., 1995.

ZEICHNER, K. M. Para além da divisão entre professor-pesquisador e pesquisador acadêmico. In: GERALDI, Corinta M.G.; FIORENTINI, D.; PEREIRA, E. M. A. *Cartografia do trabalho docente: professor(a)-pesquisador(a)*. Campinas: Mercado de Letras. ALB, 1998.

ZEICHNER, K.M.; LISTON, D.P. *Reflective teaching: as introduction*. Nova Jersey: Lawrence Erlbaum Associates, Pubishers, p. 8-20. 1996.

O diagnóstico como instrumento de acompanhamento das aprendizagens dos alunos e como subsídio para a organização do trabalho pedagógico do professor-alfabetizador

Alexsandro da Silva
Eliane Nascimento Souza de Andrade

Refletir sobre o processo de aprendizagem dos alunos constitui uma das tarefas primordiais do professor. Quando esse trabalho é realizado de forma sistemática, com momentos de socialização, discussão e confronto com teorias, essa prática se reveste de maiores contribuições ao ensino. É nessa perspectiva de acompanhamento e estudo compartilhado dos percursos dos aprendizes que compreendemos a importância do uso de instrumentos diagnósticos em um processo formativo.

Como o título deste trabalho anuncia, os diagnósticos são instrumentos que cumprem, ao menos, duas funções essenciais nos processos de ensino e de aprendizagem: a) servir como instrumento de acompanhamento da evolução dos alunos em determinado domínio de conhecimento; b) subsidiar o planejamento das atividades a serem desenvolvidas em sala de aula. Nesse contexto, acreditamos que a discussão sobre a utilização de testes diagnósticos – elaboração, aplicação e análise dos desempenhos dos alunos – deve se constituir em objeto de estudo importante em cursos de formação de professores.

Dessa forma, considerando as dimensões apontadas – "acompanhamento dos alunos", "orientação do trabalho pedagógico" e, conseqüentemente, "contribuição para a formação de professores" –, trazemos, neste capítulo, dados de dois estudos de caso coletados no contexto de um projeto de alfabetização de jovens e adultos desenvolvido em Recife, no período de 2003-2004, no âmbito do Programa Brasil Alfabetizado[1]. Porém, antes de discutirmos tais dados, apresentaremos algumas reflexões sobre o diagnóstico e o seu papel nos processos de ensino e de aprendizagem, particularmente no contexto da alfabetização de jovens e adultos.

O diagnóstico e o seu papel nos processos de ensino e de aprendizagem: uma reflexão no contexto da alfabetização de jovens e adultos

Os estudos sobre a psicogênese da escrita contribuíram para elucidar o fato de que os adultos não-alfabetizados, tanto quanto as crianças, através de um complexo processo mental de construção, percorrem um longo caminho até atingirem o nível alfabético de escrita, percurso esse que inclui conflitos e uma constante formulação e reformulação de hipóteses acerca dos princípios que regem o nosso sistema de escrita (FERREIRO *et al.*, 1983).

Desse modo, promover um ensino baseado nos conhecimentos prévios dos educandos é, sem dúvida, uma tarefa cuja importância é inquestionável. No caso da Educação de Jovens e Adultos, esse aspecto deve considerar a inserção dos aprendizes

---

[1] O projeto intitulou-se "Mobilização e alfabetização de jovens e adultos – Rede de Solidariedade para a Cidadania" e desenvolveu-se mediante uma parceria entre Prefeitura do Recife, Universidade Federal de Pernambuco, Universidade Federal Rural de Pernambuco e Universidade de Pernambuco.

no mundo letrado (trabalho e organizações sociais diversas), situação esta que parece justificar o imediatismo apresentado pelo jovem ou adulto em aprender a assinar seu nome, escrever nomes de parentes, ler nomes de linhas de ônibus, cartas etc.[2]

Nesse sentido, objetivando um ensino significativo, o professor-alfabetizador de jovens e adultos tem a tarefa de contemplar os interesses imediatos dos educandos no contexto de um ensino sistemático e gradual que respeite a heterogeneidade comum em grupos de alunos. Essa heterogeneidade é percebida pelos docentes tanto em suas observações cotidianas quanto em momentos de uso de instrumentos de diagnóstico, a exemplo do que estamos tratando neste capítulo.

O professor precisa conhecer as formas pelas quais o aluno aprende. Conhecer para "ajustar" o ensino oferecido, descobrindo formas de ajudar esse aluno. No entanto, parece ainda ser comum os docentes alfabetizadores se centrarem apenas em um dos níveis do diagnóstico: identificação dos estágios pré-silábico, silábico, silábico-alfabético ou alfabético. Por conta dessa constatação, acreditamos que os cursos de formação de alfabetizadores precisam oferecer contribuições aos professores sobre as intervenções que se fazem necessárias para o avanço do aluno em direção à escrita alfabética.

O problema que acabamos de mencionar, parece-nos adquirir maior complexidade ao considerarmos um processo de alfabetização que vise ao letramento (SOARES, 1998; MORAIS; ALBUQUERQUE, 2004), uma vez que, após diagnosticar os diferentes níveis dos seus alunos, o professor precisará desenvolver atividades ligadas mais especificamente à notação alfabética e, ao mesmo tempo, oferecer um ensino que articule

---

[2] Esse fato é constatado tanto pelos alfabetizadores do projeto quanto em nossas próprias experiências de ensino em diversas redes públicas do Estado (PE). Entretanto, não se pode, em nome dessa constatação, restringir o trabalho escolar com jovens e adultos às suas necessidades mais imediatas, numa perspectiva meramente instrumental e (de)limitadora.

temáticas significativas atreladas a gêneros textuais diversos (leitura e produção).

Assim, a prática docente necessita ser constantemente planejada. O planejamento irá contribuir para intervenções didáticas adequadas e o conseqüente avanço dos alunos, pois acreditamos que, ao planejar, tornamos possível o que queremos a curto, médio ou longo prazo, possibilitando a previsão de situações, a organização e gradação das atividades, entre outros aspectos.

No esforço de uma prática docente planejada, o professor vive um processo constante de tomada de decisões de naturezas variadas, entre elas, decisões sobre o tipo de atividade e de agrupamento a ser proposto aos alunos, o encaminhamento das tarefas e as intervenções a serem realizadas durante a aula.

Convém ressaltar que elaborar atividades não é tarefa fácil, uma vez que "boas" situações didáticas são aquelas que contêm desafios coerentes com os níveis dos alunos. O professor deve planejar o seu trabalho em função do que os alunos já "demonstram saber" e do que ainda "precisam saber" sobre a escrita, promovendo situações, ao mesmo tempo, difíceis e possíveis (WEISZ, 2001). Desse modo, acreditamos que é essa adequação do desafio que possibilitará as aprendizagens.

Nessa mesma direção, Weisz (2001) também salienta a importância de se ter clareza do que o aluno já sabe no momento em que lhe é apresentado um conteúdo novo e acrescenta que "[...] conhecer essas idéias e representações prévias ajuda muito na hora de construir uma situação na qual o aluno terá de usar o que já sabe para aprender o que ainda não sabe" (p. 93).

Ao serem propostas aos alfabetizandos situações instigantes que os levem a pensar em como a escrita se organiza, é possível conseguir muitos avanços, já que é pensando sobre ela que os alunos, sejam crianças, sejam jovens e adultos em processo de alfabetização, constroem e reconstroem as suas hipóteses.

Nesse contexto, compreendemos que o acompanhamento dos avanços dos alunos através de um registro organizado e sistemático contribui para que sejam tomadas decisões que resultem em aprendizagens e que esse trabalho de acompanhamento faz parte de uma postura pedagógica de ação-reflexão-ação. Como assumimos essa perspectiva, defendemos que, nos dias atuais, é necessário "[...] conceber a profissão de professor como uma profissão que pressupõe uma prática de reflexão e atualização constante" (WEISZ, 2001, p. 118).

Ao eleger a prática como objeto de reflexão, inserimo-nos nas atuais perspectivas para a formação docente (LEAL, nesta coletânea). Assim, nos encontros com os professores no âmbito do Programa Brasil Alfabetizado, procuramos, entre outras iniciativas, valorizar o trabalho coletivo e discutir relatos de situações de ensino vivenciadas. Os relatos constituem um esforço pessoal e podem e devem ser socializados, favorecendo uma cultura de prática pedagógica construída, passível de ser discutida e enriquecida. Acreditamos que, com esse esforço, fomentamos atitudes de reflexão sobre a prática.

Retomando um aspecto ligeiramente comentado em parágrafos anteriores, consideramos que, em decorrência da divulgação das idéias sobre a psicogênese da escrita no Brasil (FERREIRO; TEBEROSKY, 1985), muitos professores começaram a incorporar a idéia de que era necessário "diagnosticar" o nível de construção de escrita dos seus alunos. Entretanto, parece-nos que, em muitos casos, na escola, se passou apenas a "constatar" o que os alunos sabiam ou não. A nosso ver, essa "constatação" só se reveste de funcionalidade quando também dá subsídios à elaboração de estratégias didáticas de intervenção frente às necessidades dos alunos.

O conhecimento das hipóteses de escrita não deve se transformar em um recurso para rotular os alunos e nem servir de critério para a formação de classes supostamente homogêneas. Ao contrário, consideramos de importância fundamental a interação entre alunos com diferentes níveis de conhecimento. Acreditamos que esse tipo de trabalho, pela troca de informações e confronto de idéias que proporciona, seria favorecedor da aprendizagem. Por outro lado, também compreendemos que, muitas vezes, há a necessidade de propor atividades diversificadas, exatamente para atender às peculiaridades dos diversos níveis de conhecimento dos alunos.

Enfocando mais especificamente o papel do diagnóstico enquanto subsídio para o planejamento de atividades por parte do professor, consideramos pertinentes as colocações feitas por Silva (2003) quando argumenta que as intervenções dos professores precisam estar subsidiadas pelas informações que mapeiam as maneiras pelas quais os estudantes estão aprendendo. Para o autor, o esforço de procurar responder "o que" os alunos aprendem e "como" aprendem possibilita as informações a serem utilizadas na hora de elaborar, planejar e efetivar um trabalho pedagógico de forma a contemplar os aprendizes em sua heterogeneidade.

Nesse sentido, concebendo o ensino como um processo de ajuda ao processo de construção realizado pelos educandos, Coll & Martín (1996) defendem que "[...] a avaliação das aprendizagens realizadas por seus alunos dá ao professor informações insubstituíveis para ir ajustando progressivamente a ajuda que lhes presta no processo de construção de significados" (p. 214). É esta, portanto, a essência da avaliação da aprendizagem: um instrumento de compreensão do estágio em que os alunos se encontram, tendo em vista *tomar decisões* para que estes possam avançar em seu processo de aprendizagem (LUCKESI, 1995).

Os diagnósticos, ao cumprirem duas funções essenciais – acompanhar o desenvolvimento do aluno e nortear a prática pedagógica –, podem ser grandes aliados da ação cotidiana docente. É válido acrescentar que, para que instrumentos dessa natureza contribuam, de fato, com o ensino (informações claras para reorientar as intervenções pedagógicas), são necessários alguns cuidados, como, por exemplo: coerência entre os itens dos testes e também entre os testes a serem realizados ao longo de um determinado período de ensino, espaçamento necessário entre as etapas de aplicação e, sobretudo, uma análise das intervenções didáticas que foram feitas entre um período e outro. Sobre essa última recomendação, lembramos que, se o docente não ajustar gradativamente as atividades rotineiras aos níveis provisórios dos alunos, o instrumento de diagnóstico pode em pouco contribuir (com esses argumentos, não estamos negligenciando o fato de que o aluno apresenta desenvolvimento também pelas suas vivências extra-escolares).

Conhecer o aluno para ajustar o ensino requer estudo e dedicação do profissional, pois é necessário refletir sobre intervenções didáticas já realizadas e sobre outras passíveis de realização (adequação dos desafios, conforme já nos referimos). Nesse processo de aprender sobre o aluno e reorganizar o ensino que oferece, o docente vai construindo conhecimentos e contribuindo com a sua própria formação, inserindo-se em uma abordagem de prática pedagógica em constante construção.

Na próxima seção, buscaremos discutir aspectos fundamentais acerca dos testes diagnósticos utilizados no contexto do Programa Brasil Alfabetizado em Recife, destacando a importância dessa discussão em encontros pedagógicos de formação de professores-alfabetizadores.

Considerações sobre a análise de diagnósticos de alunos em processo de alfabetização e a formação de professores

Os professores-alfabetizadores integrantes do projeto a que nos referimos anteriormente foram orientados a acompanhar as aprendizagens dos seus alunos tanto através da aplicação de *testes diagnósticos* quanto através do registro em um *caderno de acompanhamento* da evolução dos alunos. Também foi sugerido aos professores que reunissem atividades que demonstrassem os avanços dos seus alunos em determinados aspectos da leitura ou da escrita.

Os *testes diagnósticos* tinham como objetivo identificar os conhecimentos sobre a escrita construídos pelos alunos em momentos diferentes do curso de alfabetização do qual participaram[3]. Conforme argumentamos antes, essas informações eram usadas também para orientar a organização do trabalho pedagógico a ser desenvolvido em sala de aula. Os testes eram compostos dos seguintes itens: a) escrita de palavras, em que os alunos eram solicitados a escrever os nomes de figuras apresentadas; b) correspondência entre figuras e palavras, em que os alunos eram solicitados a estabelecer uma relação entre figuras e nomes; c) leitura de palavras em voz alta; d) leitura silenciosa de um texto e resposta a algumas perguntas sobre o mesmo; e) produção de um texto escrito.

Os enunciados dos itens "a" e "b" eram lidos pelo examinador; no item "c", mostrava-se uma lista de palavras aos alunos e solicitava-se a eles que lessem em voz alta. Caso o aluno conseguisse realizar as três primeiras atividades, pedia-se que ele respondesse às outras duas (leitura e produção de texto). Na atividade "d", os alunos eram solicitados a ler individualmente um texto e, em seguida, a responder algumas perguntas sobre o mesmo. E na atividade "e", pedia-se aos alfabetizandos que escrevessem um texto, segundo as orientações dadas (delimitou-se o gênero, a finalidade e o interlocutor do texto a ser produzido, a exemplo da proposta de escrita de uma carta convidando um amigo para participar do projeto de alfabetização).

Os dados dos testes eram usados para preencher uma ficha de acompanhamento dos alunos, contendo indicação do

---

[3] Os testes diagnósticos foram cuidadosamente elaborados pelos professores-formadores e aplicados em três momentos do curso: no início, no meio e no final.

nível de compreensão do sistema alfabético, de fluência de leitura, de compreensão de texto e de produção de texto. Os dados que analisaremos neste trabalho serão apenas aqueles referentes ao nível de compreensão do sistema alfabético, conforme discutiremos na seção a seguir.

Concebendo a análise das produções de alunos como uma estratégia metodológica de formação de educadores, usamos, nos encontros de formação dos professores-alfabetizadores, os testes diagnósticos como material de estudo. Em alguns momentos, sobretudo no início do curso, a análise centrou-se no teste em si (discussão sobre os objetivos dos itens) e no modo como deveriam ser aplicados (orientações para a aplicação dos testes). Em momentos posteriores, discutia-se sobre as hipóteses de escrita dos alunos e sobre as estratégias didáticas que poderiam auxiliar os aprendizes a avançar em direção à compreensão do sistema de escrita.

Se, por um lado, compreendemos que analisar produções escritas de alunos é uma competência essencial aos professores e que estes precisam ter oportunidades de desenvolvê-la desde a sua formação inicial, por outro, aceitamos também o fato de que a mesma não constitui algo simples. O que se espera de um professor-alfabetizador é que este não apenas domine o conhecimento teórico acerca das hipóteses que os alunos constroem sobre a escrita, mas que também consiga mobilizar esse conhecimento para analisar com proficiência as produções de seus alunos.

Isso evidencia, portanto, a importância da aplicação e análise de testes diagnósticos, pelo professor, na construção de seus conhecimentos sobre a docência. São essas oportunidades que poderão contribuir na construção de saberes (procedimentais) relativos ao modo como se devem aplicar e analisar as sondagens realizadas com os alunos. Entre esses conhecimentos, podemos mencionar, por exemplo, aquele relacionado à maneira como as palavras devem ser ditadas. É necessário "ditar" as palavras sem segmentá-las e sem pronunciá-las artificialmente (não se deve "silabar" ou usar uma pronúncia diferente daquela que usamos naturalmente).

Os conhecimentos que o professor pode construir a partir da análise de diagnósticos são muitos, e parece que um dos mais importantes refere-se à capacidade de interpretar consistentemente as escritas não-convencionais produzidas pelos estudantes. Segundo Ferreiro (1995), essas escritas nem sempre têm sido consideradas de modo adequado, sendo necessário aprender a interpretá-las, o que constitui "[...] um longo aprendizado que requer uma atitude teórica definida" (p. 17).

Na próxima seção, apresentaremos e discutiremos dados obtidos em duas turmas do projeto a que nos referimos antes, considerando sobretudo a evolução dos alunos ao longo do curso e as estratégias didáticas adotadas pelas professoras em sala de aula para ajudá-los a avançar.

O acompanhamento do aprendizado do sistema de escrita alfabética em jovens e adultos e a organização do trabalho pedagógico em salas de aula do Programa Brasil Alfabetizado

Os resultados que serão apresentados e discutidos neste momento referem-se apenas à construção de conhecimentos sobre o sistema de escrita alfabética em jovens e adultos em processo de alfabetização. Como o domínio do sistema de notação alfabética constitui uma condição necessária a uma maior autonomia nas práticas de leitura e escrita nas sociedades letradas (LEAL, 2004), decidimos apresentar, neste trabalho, apenas os resultados relativos ao domínio daquele sistema. Isso não significa, no entanto, desconsiderar ou minimizar a importância das práticas de leitura e de produção de textos, consideradas essenciais numa concepção de alfabetização em um contexto de letramento, isto é, em uma abordagem que ultrapassa o domínio da tecnologia da escrita e envolve os usos sociais da leitura e da escrita (SOARES, 1998).

Os dados das tabelas apresentadas a seguir (tabelas 1 e 2) foram obtidos em uma situação de escrita de palavras, na qual os alunos foram solicitados a escrever os nomes de figuras apresentadas, conforme explicitamos em um momento anterior. Os testes diagnósticos foram analisados, e os dados categorizados em níveis que expressassem o estágio de compreensão dos alfabetizandos acerca do sistema de notação alfabética.

Os níveis considerados na análise foram aqueles descritos nos estudos que tratam da psicogênese da escrita, a saber: présilábico (corresponde a um período em que o aluno não compreende que existe relação entre a escrita e a pauta sonora); silábico inicial (o aluno começa a perceber que a escrita tem relação com a pauta sonora e realiza algumas correspondências grafofônicas, mas ainda não há consistência na correspondência entre a escrita e a fala); silábico (o aluno estabelece uma correspondência sistemática entre a quantidade de letras utilizadas e a quantidade de sílabas das palavras); silábico-alfabético (o aluno começa a perceber que uma única letra não é suficiente para representar as sílabas e trabalha simultaneamente com duas hipóteses: a silábica e a alfabética) e alfabético (o aluno compreende que se escreve com base em uma correspondência entre fonemas e letras).[4] (FERREIRO, 1995; KAUFMAN, 1994).

Os dados que serão apresentados e discutidos referem-se às turmas das professoras Ana Paula Campos Cavalcanti e Patrícia Correia da Silva, estudantes do curso de Pedagogia da UFPE, ambas participantes de um processo de formação continuada de professores-alfabetizadores, ministrado durante o

---

[4] No caso dos alunos que se encontravam no nível alfabético, decidimos delimitar o domínio das normas ortográficas: regularidades diretas (são aqueles casos nos quais há apenas uma letra para o som que se deseja registrar, ou seja, há uma relação direta entre grafema e fonema), contextuais (são aqueles casos nos quais o contexto, dentro da palavra, define qual letra ou dígrafo deverá ser usado), morfológico-gramaticais (são aqueles casos nos quais os aspectos ligados à categoria gramatical da palavra estabelecem a regra). Para maiores detalhes sobre o assunto, consultar MORAIS (1998).

período em que estiveram exercendo a docência naquelas turmas. Como dissemos no início deste texto, esses dados foram coletados no contexto do projeto "Mobilização e alfabetização de jovens e adultos – Rede de Solidariedade para a Cidadania", desenvolvido em Recife-PE.

As aulas da professora Ana Paula Campos Cavalcanti ocorreram na Associação de Moradores do bairro da Estância (Recife-PE), no horário das 18h30 às 20h30. Essa turma era, em sua maioria, formada por idosos e mulheres pertencentes a classes populares e residentes naquele bairro. Os dados apresentados na tabela 1 indicam que essa turma iniciou-se com 32 alunos e terminou com 26, evidenciando um baixo índice de evasão. Segundo a própria professora, os alunos tinham como característica principal o comprometimento com o trabalho e a assiduidade.

Tabela 1: Nível de conhecimentos sobre o sistema alfabético e ortografia (Prof² Ana Paula)

Níveis		1º		2º		3º	
		F	%	F	%	F	%
1.	Pré-silábico	5	15,6	4	13,3	2	7,7
2.	Silábico inicial	6	18,7	4	13,3	2	7,7
3.	Silábico sem correspondência grafofônica (quantidade)						
4.	Silábico com correspondência grafofônica (qualidade)	5	15,6	1	3,4	2	7,7
5.	Silábico-alfabético	4	12,5	3	10	5	19,3
6.	Alfabético realizando muitas trocas de letras (não-domínio das correspondências regulares diretas)	2	6,2	6	20	3	11,5
7.	Alfabético com razoável domínio das correspondências grafofônicas diretas	1	3,1	3	10	4	15,4
8.	Alfabético com razoável domínio de algumas regras contextuais e morfogramaticais	9	28,3	9	30	8	30,7
	Total	32	100	30	100	26	100

Com base nos dados presentes na tabela 1, observamos que, no início do curso, 49,9% (16) dos 32 alunos da professora Ana Paula estavam em estágios iniciais do processo de apropriação da escrita (pré-silábico, silábico inicial e silábico de qualidade[5]), 12,5% (quatro) encontravam-se no estágio silábico-alfabético, e 37,6% (12), no estágio alfabético. Esses dados indicam, portanto, que 62,4% (20) dos alunos ainda não tinham se apropriado da escrita alfabética.

Observando ainda tais dados, constatamos que, ao término do curso, 23,1% (seis) dos 26 alunos encontravam-se em estágios iniciais, 19,3% (cinco) no estágio silábico-alfabético, e 57,6% (15), no alfabético. Dessa forma, os dados nos indicam que a maioria dos alunos concluiu o curso compreendendo o sistema de escrita alfabética. É importante destacar a diminuição significativa de alfabetizandos em estágios mais iniciais, como o pré-silábico e o silábico inicial: no início do curso, 34,3% (11) estavam nesses estágios, e apenas 15,4% (quatro) concluíram o curso com essas hipóteses.

Tabela 2: Nível de conhecimentos sobre o sistema alfabético e ortografia (Profª Patrícia)

Níveis	1°		2°		3°	
	F	%	F	%	F	%
1. Pré-silábico	1	10				
2. Silábico inicial	2	20	1	8,4		
3. Silábico sem correspondência grafofônica (quantidade)						
4. Silábico com correspondência grafofônica (qualidade)						
5. Silábico-alfabético	1	10	2	16,6	2	15,4
6. Alfabético realizando muitas trocas de letras (não-domínio das correspondências regulares diretas)	5	50	2	16,6	1	7,7
7. Alfabético com razoável domínio das correspondências grafofônicas diretas.	1	10	4	33,6	3	23,1
8. Alfabético com razoável domínio de algumas regras contextuais e morfogramaticais			2	16,6	7	53,8
9. Alunos que se recusaram a fazer a diagnose ou fizeram apenas a segunda parte			1	8,4		
Total	10	100	12	100	13	100

---

[5] O nível silábico representa, na realidade, um salto qualitativo em direção à compreensão do sistema de escrita alfabético (15,6% dos alunos dessa turma encontravam-se nesse estágio no início do curso).

Os alunos da turma da professora Patrícia Correia da Silva eram do Núcleo de Areias (Recife-PE), sendo a Escola Municipal Isaac Pereira da Silva o local onde as aulas eram ministradas. Os dados da tabela 2 indicam que essa turma manteve-se durante todo o curso com uma média de 12 alunos, o que parece sugerir uma possível ausência de evasão escolar.

Como se pode observar na tabela 2, no começo do curso, 30% (três) dos dez alunos da professora Patrícia encontravam-se em níveis iniciais de apropriação da escrita (pré-silábico e silábico inicial), 10% (um) no estágio silábico-alfabético e 60% (seis) no estágio alfabético. Os dados indicam, assim, que 40% (quatro) dos estudantes ainda não escreviam alfabeticamente, sendo a maioria desses (30%) pertencentes a estágios mais iniciais.

Com base ainda nos dados da tabela 2, percebemos, ao término do curso, nenhum dos alunos se encontrava em estágios iniciais. Esses dados também informam que 15,4% (dois) dos 13 estudantes encontravam-se em um estágio de transição entre a escrita silábica e a alfabética (silábico-alfabético) e que a maioria (84,4%) escrevia guiando-se por uma hipótese alfabética. É interessante assinalar que, nessa turma, nenhum dos alunos terminou o curso com hipóteses iniciais sobre a escrita e que os que ainda não escreviam alfabeticamente estavam "quase alfabetizados" (compreensão do sistema de notação alfabética).

Como discutimos em seção precedente, os dados obtidos através dos testes diagnósticos aplicados durante o curso de alfabetização eram analisados nos encontros de formação dos professores-alfabetizadores. Nesses momentos, discutia-se, entre outras coisas, sobre a necessidade de acompanhar o processo de aprendizagem dos alunos, os seus avanços e as suas dificuldades, através daquele instrumento, particularmente no que concerne ao complexo processo de aquisição da escrita.

O relato da professora Ana Paula que trazemos a seguir mostra com muita clareza a importância da "sondagem" no acompanhamento da evolução dos alunos em processo de alfabetização. Esse relato, segundo a professora, foi construído a partir de uma situação de aprendizagem ocorrida com uma de suas alunas, Maria Madalena, de 66 anos. Segundo a alfabetizadora, em um período exato de um mês, Madalena conseguiu evoluir de uma hipótese pré-silábica (rabisco) para uma hipótese silábica, devido a um trabalho baseado numa perspectiva construtivista, ancorado sobretudo nos estudos sobre a psicogênese da escrita e letramento. Eis o relato:

> No primeiro dia em que foi à aula, 13 de outubro (dia em que se iniciaram as aulas), Madalena fez a primeira atividade de escrita de palavras com muita dificuldade, chegando a afirmar para a professora: "Como você me pede para escrever, se eu não conheço nenhuma letra". De fato, ela não conhecia e assim escreveu usando rabiscos. [...] Dessa forma, Madalena continuou seus estudos, participando assiduamente das aulas, ausentando-se raríssimas vezes. Após um trabalho com textos (músicas, poemas), explorando rimas, aliteração, isto é, atividades de consciência fonológica, realizamos também um longo trabalho com o nome próprio, entre outras atividades. No dia 13 de novembro, resolvi fazer uma seqüência de atividades com Madalena, na casa dela, sobre consciência fonológica. Na casa não havia ninguém, o que impossibilitou a intervenção de qualquer outro sujeito nessa atividade. Esse trabalho foi gravado e transcrito. Na primeira atividade, pedia-se ao aprendiz que escrevesse as palavras LIVRO e CADERNO, e assim fez Madalena:

LIVO   C D U

E assim a aluna leu: LI – VO e C – D – U.
Essa atividade surpreendeu-me de tal forma que, só após o referido fato, pude comprovar a eficiência de um trabalho pautado em cima do construtivismo [...]. Assim como essa aluna, há outros aprendizes que entraram no projeto na mesma situação de Madalena e que hoje se encontram na hipótese silábica.

O relato apresentado é muito ilustrativo do que dissemos até o momento sobre a importância do diagnóstico no acompanhamento dos processos de aprendizagem dos alunos. Nesse caso, a sondagem permitiu à professora perceber o quanto a sua aluna havia avançado em um período tão curto de tempo em relação à compreensão sobre o sistema de escrita. Como pode ser observado no depoimento, no início do curso, a alfabetizanda tinha uma hipótese pré-silábica, usando rabiscos, avançando, após um mês, para uma hipótese silábica de qualidade (ou até mesmo silábico-alfabética, considerando-se que a palavra "livro" foi escrita com mais letras do que a hipótese silábica em sentido estrito exige).[6]

Um cuidado importante que os professores-alfabetizadores devem ter é o de valorizar e organizar em arquivos as produções dos alunos desde o início do processo de ensino. Foram esses cuidados que contribuíram para que Ana Paula pudesse verificar o avanço de sua aluna; não só da aluna Madalena como também de outros alunos, pois, como ela mesma complementa: "Assim como essa aluna, há outros aprendizes que entraram no projeto na mesma situação de Madalena e que hoje se encontram na hipótese silábica." O docente não deve confiar apenas na memória, faz-se necessária uma organização das produções, até mesmo para que o próprio aluno possa comparar os seus escritos em diferentes etapas do ensino e verificar as

---

[6] Contamos também com a possibilidade de que essa aluna possuísse uma imagem mental da palavra ditada, percebendo a necessidade de colocar mais letras do que a sua hipótese permitia antecipar.

suas aprendizagens. Atitudes como essas certamente contribuem para elevar a auto-estima dos adultos alfabetizandos.

É importante ressaltar o quanto, de fato, a aluna conseguiu avançar: de uma escrita em que não se estabelecia nenhuma relação entre o oral e o escrito (inclusive, com o não-uso de letras) para uma escrita em que aquela relação se estabelecia sistematicamente, usando letras com valor sonoro convencional. Em outras palavras, a estudante conseguiu compreender "o que" a escrita "representa" (nota) e estava a caminho de compreender "como" a escrita "representa" (nota) a fala em um sistema alfabético. Isso revela, portanto, um salto qualitativo no processo de aprendizagem da escrita que o diagnóstico permitiu "flagrar".

Como comentamos, os encontros de formação de professores eram organizados de modo a contemplar também discussões sobre o papel daquele instrumento (diagnóstico) na organização das atividades propostas em sala de aula. Conhecendo o que os alunos sabem e o que eles ainda não sabem, temos em mãos informações preciosas para organizar o ensino, considerando o processo de construção de conhecimento de nossos alunos.

Nessa perspectiva, nos encontros de formação, discutia-se sobre a necessidade de organizar o tempo pedagógico de modo a contemplar, em sala de aula, atividades destinadas à reflexão sobre o sistema de escrita alfabética, paralelamente ao trabalho com leitura e produção de textos. Nesse sentido, sugeriu-se uma rotina (flexível) que contemplava atividades de recuperação/exploração de conhecimentos prévios, leitura de textos relativos ao tema proposto, com estimulação de utilização de estratégias – como as de antecipação e de inferência, por exemplo –, de reflexão sobre o sistema alfabético de escrita e de realização de projetos didáticos inseridos nas discussões sobre os temas, com atividades de produção de textos orais e escritos (LEAL, nesta coletânea).

Com relação à reflexão sobre o sistema alfabético, discutiu-se, nos encontros de formação sobre a necessidade de propor atividades diversificadas, que contemplassem a variedade de níveis de conhecimentos dos alunos: atividades de familiarização com as letras, de construção de palavras estáveis, de análise fonológica, de composição e decomposição de palavras, de comparação entre palavras, de "tentativas de reconhecimento de palavras", através do desenvolvimento de estratégias de uso de pistas para decodificação (leitura), de escrita de palavras e textos (que sabem de memória ou ditados pelos professores), de sistematização das correspondências grafofônicas e de reflexão durante produção e leitura de textos (LEAL, 2004).

Concebemos que os docentes deveriam ser convidados a um trabalho de reflexão sobre essas e sobre outras atividades, visto que simplesmente repeti-las em sala de aula não seria condizente com a concepção de formação docente que defendemos. Os resultados dos diagnósticos orientavam os professores no sentido de adequar as atividades propostas aos níveis de conhecimento da escrita em que os alunos se encontravam em determinado momento.

Os relatos apresentados a seguir referem-se a momentos de algumas das aulas das duas professoras a que nos referimos antes. Essas situações demonstram um pouco a natureza das intervenções pedagógicas implementadas, as quais certamente contribuíram para o desenvolvimento dos alunos[7]. Eis os relatos:

> Resolvi explorar a escrita de palavras, investigando, com isso, em que nível de escrita os alunos estavam. Assim, fizemos um ditado de palavras a partir do texto já trabalhado: "Salada de Frutas". As palavras utilizadas foram: salada, banana, Clarissa, fresquinho, frutas, laranja, morango, sorvete, manga, abacate, maçã, boca. Nesse ditado, foi dada a chance aos alunos de fazer a correção coletiva, na qual, individualmente, cada um corri-

---

[7] Embora os extratos selecionados retratem sobretudo o trabalho de reflexão sobre a escrita alfabética, recordamos que a rotina era organizada de modo a contemplar também leitura e produção de textos.

gia a palavra escrita incorretamente. Na correção coletiva, eu solicitava que cada aluno me informasse como tinha escrito a palavra. Em seguida, indagava à turma se a tal palavra estava escrita corretamente; caso contrário, eu pedia as sugestões para os alunos a fim de que juntos encontrássemos a forma correta. Desta forma, pude promover intensos conflitos entre os alunos, sobretudo quando se tratava de palavras cuja escrita diferenciava-se de forma falada, como, por exemplo, ABACATE, que muitos escreviam ABACATI. (Ana Paula Campos Cavalcanti)

A aula começou com a leitura da parlenda "Hoje é domingo". Como todos os alunos já conheciam a parlenda, a turma foi dividida em grupos que estavam no mesmo nível de apropriação, e foram entregues envelopes contendo a parlenda dividida em partes. Os alunos que estavam no silábico-alfabético ou alfabético recebiam o envelope com divisão da parlenda em letras. Quem estava no silábico recebeu a parlenda separada em frases. O objetivo da atividade era que os alunos conseguissem montar a parlenda de forma correta, principalmente porque eles já a tinham memorizado. Eu circulava de banca em banca para auxiliar os alunos que sentissem dificuldades ou tivessem alguma dúvida na execução da atividade. O que mais me impressionou foi o fato de uma aluna que nunca havia freqüentado escola antes ter ficado emocionada por conseguir montar a parlenda. Para uma turma que só queria ter aulas no estilo tradicional, eles até que participaram bem da atividade. Tinham entusiasmo e, como estavam em grupo, consultavam e ouviam as sugestões dos colegas para poder continuar montando a parlenda. (Patrícia Correia da Silva)

Concluindo, ressaltamos a importância do diagnóstico nos processos de ensino e de aprendizagem, considerando-o em suas dimensões intrinsecamente relacionadas e que, desde o início do texto, vimos perseguindo: acompanhar as aprendizagens dos alunos e subsidiar ação docente. Caminhando nessa direção, destacamos também a necessidade de que a análise de diagnósticos constitua uma das estratégias de formação docente, pois acreditamos que, refletindo sobre o que os alunos constroem, os docentes terão maiores condições de ampliar os seus conhecimentos e, conseqüentemente, promover o desenvolvimento dos alunos. Esse é o desafio!

Referências

COLL, C.; MARTÍN, E. A avaliação da aprendizagem no currículo escolar: uma perspectiva construtivista. In: COLL, C. *et al. O construtivismo na sala de aula*. São Paulo: Ática, 1996.

FERREIRO, E.; TEBEROSKY, A. *Psicogênese da língua escrita*. Porto Alegre: Artes Médicas, 1985.

FERREIRO, E. *et al*. Los adultos no-alfabetizados y sus conceptualizaciones del sistema de escritura. *Cuadernos de Investigaciones Educativas*, n° 10. México: DIE, 1983.

FERREIRO, E. *Reflexões sobre alfabetização*. São Paulo: Cortez, 1995.

KAUFMAN, A. M. *A leitura, a escrita e a escola: uma experiência construtivista*. Porto Alegre: Artes Médicas, 1994.

LEAL, T. F. A aprendizagem dos princípios básicos do sistema alfabético: por que é importante sistematizar o ensino? In: ALBUQUERQUE, E. B. C; LEAL, T. F. (org.) *A alfabetização de jovens e adultos em uma perspectiva de letramento*. Belo Horizonte: Autêntica, 2004.

LUCKESI, C.C. *Avaliação da aprendizagem escolar*. São Paulo: Cortez, 1995.

MORAIS, A. G. *Ortografia: ensinar e aprender*. São Paulo: Ática, 1998.

MORAIS, A. G.; ALBUQUERQUE, E. B. C. Alfabetização e letramento: O que são? Com se relacionam? Como "alfabetizar letrando"?In: ALBUQUERQUE, E. B. C; LEAL, T. F. (org.) *A alfabetização de jovens e adultos em uma perspectiva de letramento*. Belo Horizonte: Autêntica, 2004.

SOARES, M. *Letramento: um tema em três gêneros*. Belo Horizonte: Autêntica, 1998.

SILVA, J. F. Introdução: Avaliação do ensino e da aprendizagem numa perspectiva formativa reguladora. In: SILVA, J. F.; HOFFMANN, J.; ESTEBAN, M. T. *Práticas avaliativas e aprendizagens significativas em diferentes áreas do currículo*. Porto Alegre: Mediação, 2003.

WEISZ, T. *O diálogo entre o ensino e a aprendizagem*. São Paulo: Ática, 2001.

O desenvolvimento de habilidades de reflexão fonológica em adultos e jovens pouco escolarizados:

seu papel no aprendizado do sistema de escrita alfabética

Artur Gomes de Morais

Pra começar ou... a que viemos

Em diferentes capítulos deste livro, ao analisarmos as práticas vividas no Brasil Alfabetizado do Município do Recife, são mencionadas situações didáticas nas quais os alunos se envolviam em "atividades de análise fonológica", resolviam "jogos para desenvolver a consciência fonológica" quando seus professores conduziam sistematicamente momentos de reflexão e apropriação do sistema de notação alfabética. No presente texto nos propomos a discutir mais detidamente esse tema. Por quê? Entendendo que ele ainda é muitas vezes negligenciado em nosso País, ao enfocá-lo, aqui, nossa intenção será dupla. Por um lado, objetivamos retomar a própria discussão sobre o papel das habilidades de reflexão fonológica na alfabetização inicial, examinando evidências já disponíveis a respeito de como jovens e adultos alfabetizandos avançam no seu domínio durante a aprendizagem do sistema alfabético. Por outro lado, com base na análise de registros da atuação dos alunos e professores que conosco trabalharam, desejamos propor alguns princípios norteadores para o planejamento daquelas situações didáticas que ajudam o aprendiz a avançar em sua capacidade de "compreender a relação entre as partes escritas das palavras e as suas partes faladas".

Concebemos que, a partir da década de 1980, nossa discussão sobre como o aluno se apropria do sistema de escrita alfabética, doravante SEA, tem se apoiado principalmente nas contribuições de três linhas de teorização. Numa primeira fonte de influência, situamos os estudos sobre "letramento" que nos ajudaram a compreender que a apropriação do SEA precisa estar vinculada a práticas reais de leitura e produção de textos, a fim de que o sujeito possa viver uma aprendizagem significativa não só da notação alfabética, mas também da linguagem que se usa ao escrever, aquela própria dos gêneros textuais escritos, que em nossa cultura assumem usos e funções específicos.

Uma segunda linha de estudos, que também tem influenciado bastante nossa compreensão atual, resultou das pesquisas sobre a "Psicogênese da Escrita". Demonstrando que o alfabeto não é um código, mas um sistema notacional, os trabalhos daquela linha teórica (por exemplo, FERREIRO; TEBEROSKY, 1985; FERREIRO, 1985, 1989) têm nos permitido enxergar que o aprendiz – criança, jovem ou adulto – elabora uma série de hipóteses sobre como a escrita alfabética nota a língua oral.

Uma outra perspectiva teórica, menos difundida em nosso País, diz respeito às muitíssimas investigações que buscam identificar o papel que assumem, no aprendizado da leitura e da escrita, as habilidades metalingüísticas de reflexão fonológica, geralmente designadas como "consciência fonológica" e, no caso da rede pública municipal de Recife, conhecidas desde os anos 1980 como habilidades de "análise fonológica".

Antes de conceituarmos e discutirmos um pouco mais detidamente sobre as habilidades de reflexão fonológica e sua relação com o aprendizado do SEA, vejamos alguns adultos expressando seus conhecimentos nesse domínio.

"Uma palavra maior do que mar??? Não sei não"

Agnaldo tinha 40 anos quando se inscreveu numa das turmas de nosso Programa. Logo no início, tal como fez com o restante dos alunos, sua professora solicitou que ele escrevesse algumas palavras, a fim de diagnosticar o seu nível de escrita[1]. Ele escreveu, então, "L V" para a palavra *livro*, "F A D" para *caderno* e "L Z A" para *lapiseira*. Quando lhe foi pedido para ler cada notação, ele fez correspondências entre as letras e as partes orais das palavras num nível silábico, demonstrando que estava com aquele tipo de hipótese de escrita. Leu assim: L ("li") V ("vro"); F("ca") A ("der") D ("no") e L("la") Z("pi") A("zeira").

É interessante observar que Agnaldo geralmente escolhia letras que, de fato, faziam parte da escrita convencional das palavras ditadas e que às vezes eram usadas com seus valores sonoros convencionais, para notar as partes orais (sílabas) sobre as quais pensava. Ele, no entanto, durante o ato de escrever, não parecia fazer, ainda, um ajuste perfeito entre as letras que escolhia para pôr no papel e as partes sonoras que provavelmente estava pronunciando.

Na mesma semana pediu-se a Agnaldo que respondesse a uma série de tarefas que avaliavam o desenvolvimento de habilidades de reflexão fonológica como, por exemplo, separar e contar oralmente as sílabas de palavras, identificar e produzir palavras maiores que outras, identificar e produzir palavras

---

[1] Ver, neste volume, o capítulo escrito por SILVA & ANDRADE, que aprofunda a discussão sobre o papel destas sondagens no planejamento do ensino.

parecidas porque começavam com sons semelhantes ou porque rimavam[2]. Seu desempenho tendeu a ser bom, embora em alguns momentos ele revelasse certas dificuldades.

Assim como para a maioria dos alfabetizandos – adultos, jovens ou crianças –, para Agnaldo era fácil dizer palavras separando oralmente suas sílabas e contá-las. Quando chamado a identificar palavras que começavam com o mesmo pedaço, Agnaldo, diante de figuras representando *lua, abelha, luva* e *bolsa*, não teve dificuldade em escolher o par *lua/luva* e, ao ser perguntado por que as tinha selecionado, disse "porque tem o L". Do mesmo modo, diante de gravuras representando *botão, escova, boneca* e *porta*, escolheu o par *botão/boneca*, justificando "é igual por causa do B". Porém, ante as figuras de *manteiga, tesouro, barco* e *mangueira* disse que "não tem igual aqui não", apesar de a professora ter insistido para que ele pensasse de novo.

Algo curioso aconteceu quando pedimos que dissesse palavras maiores que outras e justificasse suas respostas. Para a palavra *barco*, Agnaldo disse *carcaça* e explicou "car-ca-ça, tem três". Para *ponte* disse "pin-gue-la" já usando a pronúncia escandida como forma de justificação. Mas, quando a professora lhe pediu uma palavra maior que a palavra *mar*, ele disse "tem não". Ante a insistência da mestra, que lhe perguntou se ele não sabia uma palavra maior que *mar*, foi enfático: "Essa eu não sei não. Não tem não".

O que levou Agnaldo a ter dificuldade em responder ante esta última palavra, foi, provavelmente, um modo de raciocinar que alguns estudiosos chamaram de "realismo nominal"

---

[2] Na realidade, essas tarefas faziam parte de uma pesquisa que examinava, entre alunos da EJA, a relação entre o nível de escrita (segundo a teoria da Psicogênese da Escrita) e o desempenho dos alunos em doze tarefas de reflexão fonológica. Nas turmas em que foi realizado o estudo, as pesquisadoras que aplicavam as tarefas eram, geralmente, as próprias professoras dos alunos. Para maiores detalhes ver CAVALCANTI; COSTA; MORAIS (2004) e GRANJA; MORAIS (2004).

(CARRAHER; REGO, 1981). Nesses casos, o indivíduo tende a pensar nas características do objeto (tamanho, formato, função etc.) e parece não conseguir enfocar a pauta sonora da palavra, a seqüência de partes sonoras que a compõem.

Tal como Agnaldo, Maria de Lourdes, de 48 anos, aluna noutra turma de nosso programa, respondeu às mesmas tarefas de ditado de palavras e de reflexão fonológica. Ela revelou, entretanto, que não tinha desenvolvido tanto sua compreensão sobre como as palavras são notadas na escrita. Para as palavras *livro*, *caderno* e *lapiseira*, produziu grafias que geralmente não equivaliam a letras convencionais, com um formato sinuoso, parecendo letras "M" de cabeça para baixo, às vezes unidas longamente e, em alguns casos, misturadas com círculos abertos na parte superior. Quando solicitada a ler cada palavra, passava o dedo, sem fazer paradas, sobre a notação produzida e dizia a palavra de uma só vez, sem tentar estabelecer relações entre as partes orais da mesma e o que havia registrado no papel. Demonstrava, portanto, ter ainda uma hipótese pré-silábica de escrita.

Maria de Lourdes revelou mais dificuldades que Agnaldo em separar e contar oralmente as sílabas de algumas palavras que a professora lhe dizia. Diante de palavras maiores, como *muriçoca* e *espanador*, pronunciou "muri-çoca" e "espa-nador", afirmando que tinham, respectivamente dois e três "pedaços". Quando solicitada a produzir uma palavra maior que a palavra *loja* disse "apartamento" e explicou: "é porque o apartamento é grande, é alto". Ao ser chamada a identificar qual palavra era maior que outra, disse, também, que *casa* era maior que *microfone*, porque "a casa é maior".

Nas situações em que lhe foi pedido para identificar palavras que começassem com o mesmo pedaço, Maria de Lourdes errou sistematicamente: dizia que não sabia, ou, ante os pares escolhidos (luva/bolsa, alicate/lua, por exemplo), dizia apenas "é porque eu acho".

Era também muito difícil para ela pensar em palavras que começassem com a mesma sílaba. Ante as gravuras das palavras *alho, macaco, cigarro* e *urubu*, respondeu respectivamente "cebola", "cachorro", "charuto" e "galinha", apresentando sempre como justificativas as afirmações "...porque é igual, não é?" ou "...porque eu acho".

O evidente raciocínio "realista" por ela demonstrado sugere que sua pouco desenvolvida hipótese (pré-silábica) sobre como a escrita alfabética funciona parecia estar relacionada também à quase incapacidade de refletir sobre a pauta sonora das palavras, de modo a isolar e analisar os segmentos sonoros que as constituem.

Com um desempenho bem diferente do demonstrado por aquela sua colega de turma, Verônica, de 27 anos, iniciou o programa revelando uma hipótese silábico-alfabética de escrita. Para as mesmas palavras que lhe foram ditadas, escreveu "LIVO", CADENO" e LAPSRA", que leu fazendo uma estrita correspondência entre as sílabas que pronunciava e as letras que havia notado.

Verônica, tal como Agnaldo, acertou todas as vezes quando lhe foi pedido para segmentar oralmente e contar as sílabas de determinadas palavras. Também teve 100% de acertos quando solicitada a identificar ou produzir palavras maiores que outras, explicitando justificativas bastante claras e adequadas. Por exemplo, ante a palavra *mar* disse "Recife" e explicou: "Re-ci-fe, são três e mar é um, uma vez só".

Quando se tratava de identificar ou produzir palavras semelhantes, porque tinham o mesmo pedaço inicial ou porque rimavam, ela de novo demonstrou um resultado excelente. Diante dos quartetos de gravuras representando *escova/botão/boneca/porta* e *lua/luva/abelha/bolsa*, selecionou os pares *botão/boneca* e *lua/luva*, explicando, no primeiro caso, que "começa com B" e, no segundo, que "começa com U". Embora, nessa última situação, pareça ter pensado na vogal interna

(U), compartilhada pela primeira sílaba das palavras escolhidas, diante do quarteto de gravuras *casa/saco/jarra/carro* escolheu o par *casa/carro*, justificando que "começa com C-A". Constatamos, portanto, que ela já se valia do conhecimento dos nomes e valores sonoros convencionais das letras, ao refletir sobre semelhanças sonoras de palavras.

Para ela também foi fácil identificar palavras semelhantes no início, quando compartilhavam apenas o primeiro fonema. Ao escolher os pares *rosa/ralo* e *bola/bandeira*, explicou, por exemplo, que "começa com R" e "tudo leva B", respectivamente. Já quando solicitada a produzir oralmente palavras que começassem parecidas com uma que lhe era apresentada, mas que compartilhassem com a mesma apenas o fonema ("sonzinho") inicial, só conseguia dizer palavras que compartilhavam toda a sílaba inicial igual[3]. Assim, ante as palavras *jacaré* e *pipoca* respondeu "jarra" e "picolé", explicando, no primeiro caso que "tem o som /ja/" e, no segundo, que "é P-I".

Da mesma forma que todos os seus colegas, mesmo aqueles que já tinham alcançado uma hipótese alfabética de escrita, Verônica teve muita dificuldade quando, na situação aqui descrita, lhe foi pedido que segmentasse palavras em fonemas ("em seus sons pequenininhos", como explicava a professora) ou que contasse aquelas unidades. Tal como observado por Morais entre crianças (MORAIS, 2004) os jovens e adultos aqui estudados, mesmo quando já usando convencionalmente o SEA, não conseguiam pronunciar um a um os fonemas de uma palavra. Tendiam a pronunciar as sílabas ou a dizer seqüencialmente as letras que compunham a palavra em foco. Nesse caso, manifestavam, mais que as crianças, um conhecimento

---

[3] Esclarecemos que, em todas as tarefas, antes de começar com o aluno da EJA, a professora-pesquisadora dava dois exemplos sobre como ele devia responder e fazia dois itens de treino, oferecendo feedback: dizia "OK" ou "muito bem" para as respostas corretas e, diante das erradas, dizia "eu faria assim...", sem afirmar que o sujeito havia errado.

dos nomes das letras e de seus valores sonoros convencionais. Verônica, por exemplo, quando lhe pedimos para segmentar em fonemas as palavras *pia* e *aula*, pronunciou "pi-a" e soletrou "A-U-L-A".

Os exemplos de Agnaldo, Maria de Lourdes e Verônica demonstram que precisamos compreender a complexidade e riqueza das capacidades que nossos alunos revelam para refletir, explicitamente, sobre as partes sonoras daquelas palavras que usam, diariamente, ao se comunicar. Este é o tema que discutiremos na seção seguinte.

O que são as habilidades de reflexão fonológica?

Uma coisa é usar as palavras da língua para se comunicar, outra é tratá-las como objetos sobre os quais podemos refletir, examinando suas características. A maioria das crianças, por volta dos cinco anos, já tem um bom domínio do idioma falado em sua comunidade, de modo que conseguem expressar-se oralmente e entender os discursos que são produzidos pelos que com elas convivem. Quanto aos adultos e jovens que retomam seus estudos na EJA, sua capacidade de expressão oral tende a ser ainda maior; precisamos reconhecer que têm um rico vocabulário e competências lingüísticas, construídas ao longo de suas experiências de vida. Se há algo que não dominam, ao falar, são certos modos próprios da norma lingüística de prestígio (aquilo que se costuma chamar de língua "culta" ou "padrão") e talvez de fazê-lo num tom ("registro", para usar o termo técnico correto) mais formal.

Se a quase totalidade dos indivíduos consegue usar palavras como *bote* e *bode* sem se confundir, não significa que todos consigam pensar sobre elas, tomando-as como objeto de análise e, de forma explícita, observar, por exemplo, "que são parecidas", "que têm dois pedaços quando falamos" ou que "começam parecido, porque têm o mesmo pedaço /bo/". A capacidade de assim proceder envolve um funcionamento *metalingüístico*, isto é, de não apenas usar a linguagem, mas de tomá-la como objeto de reflexão.

Ao exercer um funcionamento metalingüístico, podemos operar sobre a linguagem em diferentes níveis, sobre diferentes unidades. Existem, assim, além do nível metafonológico (aqui chamado de fonológico), sobre o qual estamos tratando, os níveis morfológico, sintático e pragmático-textual que parecem menos envolvidos no aprendizado da notação alfabética[4]. É preciso, ainda, ter claro que as habilidades de reflexão fonológica não são sinônimo de "discriminação auditiva", aquilo que alguns métodos de alfabetização tomavam como requisito para o aprendizado da escrita alfabética, mas que não inclui, geralmente, os refinados processos de análise sobre as partes orais das palavras, que estamos aqui enfocando.

Nos últimos anos, os estudiosos do tema têm concordado que o que se tem chamado de consciência fonológica é, na realidade, uma "constelação" de habilidades de reflexão sobre os segmentos sonoros das palavras. Se observarmos as muitíssimas pesquisas feitas, vemos que, de fato, elas avaliam o desempenho dos indivíduos em diferentes tarefas, que operam, por sua vez, sobre diferentes unidades sonoras, que ocupam diferentes lugares no interior das palavras. As pesquisas pedem aos aprendizes que realizem *operações* muito diferentes (por exemplo, produzir e identificar semelhanças, segmentar,

---

[4] O nível morfológico (ou metamorfológico) permite, por exemplo, que constatemos que as palavras *beleza/tristeza* ou *cantou/comeu/dormiu* terminam de forma parecida e pertencem a certas categorias gramaticais, a partir do que podemos aprender regras de ortografia (cf. Morais, 1998). O nível sintático (ou metasintático) permite-nos observar propriedades e efeitos de diferentes construções da língua. Já as habilidades do nível pragmático-textual estão envolvidas em nossa capacidade para diferenciar e produzir adequadamente os variados gêneros textuais, à medida que nos apropriamos de suas características temático-composicionais e conhecemos os usos e funções que assumem no cotidiano.

sintetizar, contar, adicionar, omitir, substituir, transpor) sobre diferentes *segmentos* (sílabas, fonemas, e unidades intra-silábicas como rimas) que podem aparecer em distintas *posições* (início, meio ou final) nas palavras (ver FREITAS, 2004a, para uma boa revisão desses estudos).

Será que todas essas habilidades são importantes para que o aprendiz se aproprie do SEA? Todas elas são dominadas no mesmo momento? Entendemos que a resposta para essas perguntas é um claro não. Antes de examinarmos estas questões, vejamos, no entanto, uma outra que vinha constituindo fonte de desacordo entre os que se dedicam ao estudo do tema: as habilidades de reflexão fonológica são um requisito para o indivíduo se alfabetizar ou constituem uma conseqüência do processo de apropriação do SEA?

Isso levou a um acirrado debate nas três últimas décadas. Num estudo clássico, José Morais e seus colaboradores (MORAIS *et al*., 1979) constataram que adultos portugueses analfabetos se saíam pior que seus pares alfabetizados em tarefas de adição e subtração de fonemas de palavras e concluíram que a consciência fonológica era resultado da alfabetização em si. Numa posição contrária, estudiosos somo Peter Bryant e Linette Bradley (BRYANT; BRADLEY, 1987), ao investigar o desempenho de crianças inglesas de educação infantil em tarefas de categorização de palavras que compartilham sons semelhantes, concluíram que a "consciência fonológica" teria um papel causal e preditor do sucesso na alfabetização, constituindo, portanto, um requisito para que os indivíduos se alfabetizem. Outros pesquisadores defendiam uma posição intermediária – e, a nosso ver, não mais esclarecedora – de que a consciência fonológica constituiria um "facilitador" da aprendizagem da leitura e da escrita (por exemplo, YAVAS, 1989).

Hoje encontramos mais consenso entre os estudiosos, no sentido de admitir que ocorre uma interação entre os dois lados da moeda: se algumas habilidades são necessárias para que o indivíduo aprenda a escrita alfabética, ele amplia sua capacidade de refletir sobre os segmentos sonoros das palavras em conseqüência do crescente conhecimento que tem das suas formas escritas. Como os tipos e a ordem de habilidades de reflexão fonológica desenvolvidas durante a escolarização inicial parecem variar de língua para língua, conforme as características de cada idioma, precisamos estar alertas para não apenas "importar" para o português as evidências colhidas junto a aprendizes que falam outros idiomas.

É preciso ter, também, cuidado com as interpretações de que a capacidade de reflexão fonológica constitui um *requisito* para que ocorra a alfabetização, não confundindo as coisas, de modo a pensar que elas precisariam já estar desenvolvidas no início da alfabetização. Esse tipo de incompreensão tem levado certos estudiosos e educadores a defender um novo tipo de "prontidão" para a alfabetização, de modo que em alguns países vem-se instalando uma verdadeira obsessão em diagnosticar e treinar as habilidades de reflexão fonológica de pré-escolares desde os três anos de idade, a fim de "evitar seu fracasso" no aprendizado da leitura e da escrita. Além de produzir exclusão, esse tipo de mentalidade tende a desconsiderar o papel da escola em "letrar" os alunos, garantindo que desde cedo produzam e compreendam os variados textos escritos com que podem conviver no dia-a-dia. Por outro lado, essa visão que julgamos errônea (por exemplo, CAPOVILLA; CAPOVILLA, 2000) tende a conceber o aprendizado da notação escrita como um processo de mera associação e memorização entre grafemas e fonemas, resvalando numa perspectiva não-construtivista de aprendizagem.

Como as habilidades de reflexão fonológica contribuem, afinal, para o aprendizado do sistema de escrita alfabética (SEA)?

Como indicamos no final da seção anterior, entendemos que muitos estudos sobre "consciência fonológica" continuam adotando uma ótica empirista/associacionista sobre o que é aprender uma escrita alfabética. Criticando tais estudos, Vernon & Ferreiro (1999) observam que seus autores tendem a ver as escritas dos aprendizes iniciantes como meras "invenções" ("invented spellings", em inglês) que não seguem a norma ortográfica. Quando pesquisam crianças, muitos estudiosos as classificam dicotomicamente como "leitoras" ou "não-leitoras" e não levam em conta o rico processo de evolução que ocorre da etapa pré-silábica até a elaboração de uma hipótese alfabética de escrita. Ao mesmo tempo, desconsideram o papel da notação escrita sobre o desenvolvimento das habilidades de reflexão fonológica, isto é, não vêem que a produção de notações das palavras orais as transforma em "objetos escritos" sobre os quais o aprendiz pode refletir, de modo a compreender como o SEA funciona.

A teoria da Psicogênese da Escrita tem demonstrado, desde o final dos anos 1970 (FERREIRO; TEBEROSKY, 1985), que a escrita alfabética é um sistema notacional, cuja apropriação constitui, para o aprendiz, um trabalho conceitual e não apenas perceptivo-memorístico. Segundo essa teoria, para dominar o SEA o aprendiz precisa compreender a lógica das relações parte-todo nas formas orais e escritas das palavras e elaborar representações mentais para as unidades da língua (FERREIRO, 2003). Neste processo, terá então que, mentalmente, passar a conceber como unidades as palavras, as sílabas, as letras e os fonemas, algo que pessoas já alfabetizadas fazem naturalmente, de modo que não se dão conta de que aí está um conhecimento (metalingüístico!!!) que o principiante precisa desenvolver (FERREIRO, 2003). Segundo essa pesquisadora, a notação escrita e a distribuição gráfica da escrita no papel teriam um papel fundamental para o desenvolvimento de uma reflexão fonológica, já que a materialidade da escrita permite ao aprendiz tratar como unidades as partes da língua oral (palavras, fonemas) que não têm limite ou identidade naturalmente observáveis quando são produzidas na fala. Vejamos, por exemplo, que o aprendiz que pronuncia /casamarela/, numa única emissão, precisará compreender que aí estão duas palavras, cuja notação deve ser separada por um espaço em branco. Por outro lado, o fato de ver as duas palavras escritas o auxilia a refletir sobre as sílabas e os sons menores que as compõem.

Embora os estudos feitos pelos seguidores da Teoria da Psicogênese da Escrita tendam a não analisar os tipos específicos de habilidades de reflexão fonológica que se desenvolvem no percurso evolutivo de apropriação do SEA, entendemos que é preciso examinar como o aprendiz, que em certo momento entra numa etapa de "fonetização da escrita" (Ferreiro; Teberosky, 1985), desenvolve habilidades metalingüísticas para analisar segmentos internos da palavra, a fim de elaborar hipóteses silábicas e alfabéticas de escrita.

Nos estudos que conduzimos com adultos (Cavalcanti; Costa; Morais, 2004; Granja; Morais, 2004) e crianças (Morais; Lima, 1989; Morais, 2004) buscamos investigar como o nível de apropriação do SEA alcançado pelos aprendizes se relacionava ao desempenho demonstrado por eles em diferentes tarefas envolvendo habilidades de reflexão fonológica. Os desempenhos de Agnaldo, Maria de Lourdes e Verônica, comentados em seção anterior, ilustram várias das evidências que obtivemos.

As tarefas de segmentar oralmente palavras em sílabas e contá-las tendeu a ser fácil para a grande maioria dos aprendizes. Já aquelas em que lhes foi pedido para segmentar palavras em fonemas e contar estas unidades menores revelaram-se praticamente impossíveis de ser respondidas, inclusive quando os alunos já tinham alcançado uma hipótese de escrita alfabética e escreviam usando as letras com seus valores sonoros convencionais. Isso demonstra que pronunciar fonemas isoladamente é algo extremamente complexo e que não constitui um requisito para o aprendizado do SEA. Também nas tarefas que envolviam identificação e produção de palavras que compartilhavam apenas os fonemas iniciais, a tendência dos aprendizes era raciocinar sobre as primeiras sílabas ou pensar nos nomes das letras com que julgavam que se iniciavam as palavras em pauta.

Entendemos que este é um dado muito importante: contrariando o que defendem os partidários dos antigos métodos fônicos, vimos que tanto os adultos quanto as crianças por nós estudados tendiam a pensar sobre as sílabas das palavras. Em certos casos, os alunos mais avançados em sua apropriação do SEA apelavam para a imagem mental da escrita das palavras, soletrando-as quando eram solicitados a pronunciar ou contar "sonzinhos menores". Os jovens e adultos foram os que mais recorreram a esse tipo de solução, indicando que, no geral, chegam à sala de aula de alfabetização com mais conhecimentos sobre os nomes das letras e seus valores sonoros.

Gostaríamos de enfatizar um outro dado: enquanto os sujeitos com hipótese alfabética demonstravam uma excelente capacidade de refletir sobre as semelhanças de sílabas iniciais de palavras, seus colegas com hipóteses silábico-alfabética ou silábica também revelaram, geralmente, um desempenho razoável nas tarefas em que se exercia esse tipo de habilidade de reflexão fonológica, diferenciando-se, de modo marcante, dos colegas pré-silábicos. Alguns desses alunos com hipótese pré-silábica tinham também dificuldade para pensar sobre a extensão das palavras: em lugar de considerar a pauta sonora, pareciam estar raciocinando sobre o tamanho ou outras propriedades dos objetos a que as palavras se referiam.

Tal como constatado em outras pesquisas (MORAIS; LIMA, 1989; FREITAS, 2004b), vimos que os aprendizes com níveis mais avançados de compreensão do SEA tendiam a apresentar melhores resultados na maioria das atividades de reflexão fonológica de que participaram. É preciso ter claro que estamos falando de uma tendência geral, já que em alguns casos, por exemplo, um indivíduo com hipótese silábica tinha, na maioria das atividades, um desempenho semelhante ao de outro colega que já tinha alcançado uma hipótese alfabética.

Isso nos leva a concluir que se o desenvolvimento de habilidades de reflexão fonológica é *condição necessária* para que os aprendizes avancem em sua compreensão do SEA, aquelas habilidades não constituem uma *condição suficiente* para que os indivíduos se alfabetizem. Tal como propõe Ferreiro (1989), interpretamos que a apropriação do SEA pressupõe toda uma *compreensão das relações entre partes e todos na escrita* em si. Daí que, na sala de aula, concebemos que as atividades de reflexão fonológica precisam sempre ser acompanhadas da notação escrita das palavras sobre as quais se está refletindo.

Num curto espaço de seis meses, os jovens e adultos que acompanhamos (CAVALCANTI; COSTA; MORAIS, 2004) apresentaram avanços significativos tanto no nível de compreensão do SEA alcançado, quanto na capacidade de refletir fonologicamente sobre as palavras que estavam estudando. Como veremos na seção seguinte, eles se beneficiaram de um ensino que explicitamente os levava a exercitar a análise de propriedades das palavras (semelhanças, extensão, estabilidade da notação etc.). Antes de vermos como realizar, na prática, situações didáticas que tenham esse propósito, queremos enfatizar um outro dado.

Vimos que certos alunos – jovens e adultos –, que a princípio tinham uma hipótese pré-silábica de escrita e se saíam muito mal nas tarefas de reflexão fonológica, conseguiram, ao final do semestre, progressos surpreendentes: já escreviam num nível silábico-alfabético e resolviam com facilidade a maioria das tarefas fonológicas propostas. Interpretamos isto como um claro atestado de que *não* podemos exigir que os aprendizes já demonstrem um nível X de reflexão fonológica antes de iniciarem o processo de alfabetização. Assumindo outra perspectiva, cremos que é obrigação da escola promover o desenvolvimento daquelas habilidades, juntamente com uma reflexão sobre a forma escrita das palavras.

Planejando e realizando atividades de reflexão fonológica voltadas à apropriação do SEA

Um relato de aula, escrito pela professora Ana Catarina Cabral, pode nos auxiliar a identificar certos princípios gerais, a serem levados em conta, quando queremos ajudar os alunos a refletir sobre a pauta sonora das palavras. Eis o que ela registrou:

> No dia em que realizei esta aula, eu tinha como objetivo fazer com que os alunos conhecessem os meses do ano, o dia do aniversário de cada um, mas não deixei de lado a reflexão sobre o Sistema de Notação Alfabética. Entreguei fichas com os meses do ano, uma para cada aluno, e pedi que identificassem que mês tinham recebido. Os alunos que estavam na hipótese silábica ou silábico-alfabética fizeram esta atividade utilizando estratégias de leitura e ativando seus conhecimentos prévios.
> Assim, quando perguntei a Dona Quitéria que mês era aquele que ela tinha, ela disse que achava que era janeiro e quando lhe perguntei por que, disse-me "Por que começa com J-A que faz JA." Apontei para a ficha que sua vizinha segurava e perguntei-lhe por que não podia ser aquela. Ela me explicou que aquele nome começava com O e que "...o mês que começa com O é outubro".
> Depois de pedir-lhe para soletrar todas as letras da primeira ficha, perguntei à turma se tinha alguma outra palavra que nós podemos ler dentro de JANEIRO. Após um breve silêncio, Djalma respondeu: "Jane". Elogiei e escrevi a palavra no quadro.
> Perguntei então quantos pedaços e quantas letras tinha a palavra janeiro. Os alunos bateram palmas para cada sílaba e contaram três sílabas e sete letras.
> Perguntei em seguida quem tinha a palavra fevereiro. Depois de contar suas letras e sílabas, indaguei à turma se havia alguma palavra dentro de fevereiro. Uma aluna respondeu "feijão". Reconheci que começavam parecido, mas chamei atenção para o F-E. Expliquei que colocando um acento fica a palavra *fé*.
> Fizemos o mesmo com a palavra *março*. Dona Lourdes identificou que dentro dela tinha a palavra *mar*.

Quando chegou *abril*, Pedro soletrou cada letra e escrevi a palavra no quadro. Perguntei qual era o primeiro pedaço de *abril* e se conheciam outras palavras que começavam com aquele pedaço. Os alunos disseram várias palavras: *abacaxi, acerola, alicate* etc. que anotei fazendo uma lista, no quadro. Manuel respondeu "bombril" quando perguntei se conheciam uma palavra que terminasse com o mesmo sonzinho de *abril*.

Para a palavra maio, depois de terem soletrado e contado as sílabas, pedi que me dissessem outros nomes começando com o MA de maio. Foram muitas as respostas que anotei: *Maria, Madalena, Marinete, Marilda*. Dona Joana, que estava com hipótese silábica disse "acerola". Observei que *maio* não começa com o A, mas com M-A. Quando chegamos em *julho*, pedi que me dissessem outras palavras começando com o mesmo pedaço. Um aluno disse "Juliana". Dona Joana, raciocinando do mesmo jeito que comentei há pouco, disse "uva". Expliquei que uva começa com U e que julho tem U, mas tem uma letra antes. Ela então me disse a palavra "ajuda".

Lemos a ficha de *agosto*, soletramos e contamos suas sílabas. Quando perguntei se conheciam alguma palavra que terminasse parecido, Djalma disse "desgosto". Quando todos os meses já haviam sido escritos, perguntei: que meses terminavam com o mesmo pedaço, quais meses tinham a mesma quantidade de sílabas e de letras, quais tinham o mesmo número de letras, mas diferentes números de sílabas, quais tinham o mesmo número de sílabas, mas diferentes números de letras.

Em seguida, perguntei quem eram os aniversariantes de cada mês e chamei os alunos para vir escrever seus nomes no quadro. Após o quadro dos aniversariantes do mês ficar pronto, pedi que o copiassem no caderno.

Um primeiro aspecto a destacar foi a preocupação da professora em garantir que os alunos, ao mesmo tempo em que trabalhavam significativamente com um texto do gênero lista (de aniversariantes da turma, em cada mês do ano), voltassem sua atenção sobre as palavras que o compunham, refletindo sobre suas partes sonoras e escritas.

Vejamos que os aprendizes praticaram diferentes modalidades de reflexão: observaram, por exemplo, que palavras existem dentro de outras, o que permitiu aos mais avançados exercer um jogo gerativo com o SEA e, aos alunos com hipóteses de escrita menos desenvolvidas, atentar para o fato de que diferentes palavras compartilham as mesmas letras, de modo que uma palavra menor pode, inclusive, ser parte de outra maior.

A observação de semelhanças sonoras também foi sistematicamente praticada. Em diferentes momentos, os alunos foram convidados a focalizar determinados segmentos sonoros, produzindo palavras que "começavam parecido" e, menos freqüentemente, que rimavam. Cada palavra proposta pela turma era registrada no quadro pela mestra. Assim, os alunos podiam não só dar-se conta de que diferentes palavaras compartilham "pedaços" sonoros iguais, mas, também, ver, simultaneamente, suas formas escritas. Ao listar-se no quadro, uma sobre a outra, as palavras parecidas ditas pelos alunos, criava-se uma espécie de "paradigma" de notação escrita, onde as semelhanças (e diferenças) visuais entre as palavras eram também objeto para as reflexões que se estava podendo operar sobre como funciona o SEA.

Os alunos da professora Ana Catarina também refletiram sistematicamente sobre a quantidade de letras e sílabas de cada palavra focalizada, assim como sobre a ordem das letras, quando soletravam os nomes dos meses. Esse exercício de contraste (entre números de letras e números de sílabas) é fundamental para que alcancem uma hipótese alfabética. Também para os que já chegaram a este nível, ajuda a observar que as sílabas das palavras têm um número variado de letras, o que lhes permite refletir sobre questões ortográficas (como o I de *janeiro/fevereiro* ou o R de *setembro...dezembro*) para as quais nem sempre estão atentos. Ressaltamos que, depois de terem examinado um a um os meses do ano, a professora lançou desafios muito ricos para a reflexão sobre aspectos quantitativos da escrita alfabética: os alunos agruparam de diversas formas as palavras em pauta, considerando tanto o número de letras como o de sílabas.

Quando planejamos atividades voltadas à apropriação do SEA, podemos bolar propostas de reflexão fonológica partindo ou não de textos. Desde que sejam garantidos os momentos significativos de leitura e produção textuais com variados gêneros escritos, não vemos nenhum problema em investir na reflexão de palavras em si, desde que estas sejam conhecidas dos alunos, que eles as usem em seu cotidiano.

Enfatizamos a necessidade de fazer a reflexão sobre partes sonoras juntamente com a visualização das partes escritas ou, sempre que possível, com a manipulação das letras que compõem as palavras. Usando letras móveis – abecedários com letras de imprensa maiúscula, em plástico ou em fichas de cartolina –, podemos montar e desmontar palavras, o que permite, no plano material, a vivência de uma série de decisões relativas a propriedades do SEA. Quando um aprendiz "desmonta" e "remonta" palavras, tem a oportunidade de observar a identidade das letras usadas, a ordem das mesmas, as combinações de letras permitidas em nossa língua, a ocorrência ou não de repetições de letras no interior de cada palavra e entre palavras, a quantidade de letras de cada palavra etc. Julgamos que cabe ao professor suscitar o debate sobre esses aspectos, perguntando explicitamente sobre os mesmos (à turma ou a grupos de alunos), da mesma forma que pergunta sobre semelhanças sonoras.

Além de pedir aos alunos que produzam palavras parecidas com outras, podemos convidá-los a classificar palavras, usando jogos com gravuras, separando aquelas cujos nomes compartilham determinados sons (iniciais ou finais) e solicitar que escrevam os nomes daquelas figuras. Noutras ocasiões, podemos propor que desenhem figuras cujos nomes comecem parecidos aos de outras figuras e, novamente, pedir que escrevam os nomes do que desenharam. Enfim, é possível pensar em diversas alternativas lúdicas (jogos de dominó ou de mico, cujas peças se combinam ou sobram em função de semelhanças sonoras) nas quais o sujeito aprendiz é desafiado a exercer uma reflexão fonológica.

Alguns textos curtos – trava-línguas, parlendas, quadrinhas –, já conhecidos dos alunos ou que eles facilmente memorizam, têm também um lugar especial nas atividades de reflexão fonológica aqui defendidas. Diante de uma quadrinha já bem conhecida (por exemplo, "Capelinha de melão/ é de São João/ é de cravo, é de rosa/ é de manjericão"), o aluno poderá focalizar a atenção na notação escrita, observando mais facilmente aspectos específicos como as repetições de palavras, as semelhanças de letras no final das palavras que rimam etc. Em suma, o fato de o texto ser "sabido de cor" facilita a busca de correspondências entre partes faladas e partes escritas.

Algumas considerações finais ou...
é bom lembrar que queremos alfabetizar letrando

Entendemos que as possibilidades de didatização que levam ao desenvolvimento das habilidades de reflexão fonológica são múltiplas, para não dizer infinitas. Nossa proposta, aqui justificada e exemplificada, tem um pressuposto de base: se o aprendiz precisa refletir sobre os segmentos sonoros das palavras, a fim de avançar na apropriação do SEA, cabe à escola assumir essa tarefa e, de forma intencional e sistemática, garantir a realização de atividades que o auxiliem nessa empreitada. Isto é, não vemos nenhuma razão para não fazê-lo às claras, ou para deixar que o aprendiz "sozinho", ou "de forma espontânea", viva a decifração do enigma sobre como se relacionam as partes faladas e as partes escritas quando escrevemos.

Os exemplos tratados na seção anterior mostram que é possível promover o desenvolvimento das habilidades de reflexão fonológica (e de apropriação do SEA) sem estar usando os esquemas didáticos dos antigos métodos de alfabetização, os quais continuam concebendo o aluno como alguém que aprende através da simples memorização de informações sobre letras e sons que os professores lhes transmitiriam prontas. Salientamos, por exemplo, que refletir sobre palavras que começam com a mesma sílaba não é o mesmo que decorar uma família silábica. Em nosso caso estamos ajudando o aprendiz a compreender como a notação alfabética funciona e não pressupomos que ele, instantaneamente, poderá escrever de forma convencional.

Finalmente, lembramos que temos avançado bastante no sentido de compreender que na escola é preciso não só alfabetizar, no sentido estrito de ajudar o aluno a aprender a notação alfabética, mas *letrar*: garantir a imersão do estudante no mundo das práticas letradas. Não vemos, portanto, nenhuma incompatibilidade entre *letrar* e *alfabetizar*. O ensino que temos defendido e que foi praticado no programa aqui enfocado, pressupunha que, de segunda a sexta-feira, alunos e professores da EJA vivessem momentos de reflexão fonológica e apropriação do SEA. Mas, também, que vivessem diariamente práticas de produção e leitura dos diversos gêneros escritos que circulam na sociedade.

Referências

BRYANT, P. E.; BRADLEY, L. *Problemas de Leitura na Criança*. Porto Alegre: Artes Médicas, 1987.

CAPOVILLA, A.; CAPOVILLA, F. *Problemas de leitura e escrita – Como identificar, prevenir e remediar numa abordagem fônica*. São Paulo: Memmon, 2000.

CARRAHER, T.; REGO, L. L. B. O realismo nominal como obstáculo na aprendizagem da leitura. *Cadernos de Pesquisa*, 39, 3-10, 1981.

CAVALCANTI, A. P.; COSTA, C.; MORAIS, A G. *A Consciência Fonológica de Jovens e Adultos do Programa Brasil Alfabetizado*.(Trabalho de Conclusão de Curso - Graduação em Pedagogia), Universidade Federal de Pernambuco, Recife, 2004.

FERREIRO, E. *Reflexão sobre Alfabetização*. São Paulo: Cortez, 1985.

_____. A escrita antes das letras. In: SINCLAIR, H. (org). *A produção de notações na criança*. São Paulo: Cortez, 1989.

_____. Escrita e oralidade: unidades, níveis de análise e consciência metalingüística. In: FERREIRO, E. (org.). *Relações de (in)dependência entre oralidade e escrita*. Porto Alegre: Artmed, 2003.

FERREIRO, E.; TEBEROSKY, A. *A Psicogênese da Língua Escrita*. Porto Alegre: Artes Médicas, 1985.

FREITAS, G. C. M. Sobre a consciência fonológica. In: LAMPRECHT, R. *Aquisição Fonológica do Português*. Porto Alegre: Artmed, 2004a.

_____. *Consciência fonológica e aquisição da escrita: um estudo longitudinal*. Tese (Doutorado em Letras) – Faculdade de Letras, PUCRS, Porto Alegre, 2004 b.

GRANJA, E.; MORAIS, A. G. *A apropriação do Sistema de Escrita Alfabética e a Consciência Fonológica, no contexto da Alfabetização de Jovens e Adultos*. .(Monografia da disciplina Prática de Pesquisa II- Curso de Graduação em Psicologia), Universidade Federal de Pernambuco, Recife, 2004.

MORAIS, A. G. *Ortografia:* ensinar e aprender. São Paulo: Ed. Ática, 1998.

MORAIS, A. G. A apropriação do sistema de notação alfabética e o desenvolvimento de habilidades de reflexão fonológica. *Letras de Hoje*. Porto Alegre, v.39, n.3, p. 175-192, setembro, 2004

MORAIS, A. G.; NOÊMIA C. L. (1988). Análise fonológica e compreensão da escrita alfabética: um estudo com crianças de Escola Pública.. Trabalho publicado nos *Anais do Simpósio Latino Americano de Psicologia do Desenvolvimento*, p.51-54, Recife, 1989.

MORAIS, J.; CAREY, L.; ALEGRIA, J; BERTELSON, P.. Does awareness of speech as a sequence of sounds arise spontaneously?. *Cognition*, n.24, p.323-331, 1979.

VERNON, S.; FERREIRO, E. Writing Development: a neglected variable in the consideration of phonological awareness. *Harvard Educational Review*, 69, p. 395-415, 1999.

YAVAS, F. Habilidades Metalingüísticas na criança: uma visão geral. *Cadernos de Estudos Lingüísticos*. Campinas, v.14, p. 39-51, 1989.

Os autores

ALEXSANDRO DA SILVA

Doutorando em Educação, professor da Rede Municipal de Ensino do Recife, membro de Centro de Estudos em Educação e Linguagem (CEEL).
e-mail: *alexs-silva@uol.com.br*

ANDRÉA TEREZA BRITO FERREIRA

Doutora em Sociologia, professora do Departamento de Educação da Universidade Federal Rural de Pernambuco, membro do Centro de Estudos em Educação e Linguagem (CEEL).
e-mail: *atbrito@superig.com.br*

ARTUR GOMES DE MORAIS

Doutor em Psicologia, professor do Departamento de Psicologia e Orientação Educacionais da UFPE, pesquisador do CNPq, membro do Centro de Estudos em Educação e Linguagem (CEEL).
e-mail: *agmorais@uol.com.br*

ELIANA BORGES CORREIA DE ALBUQUERQUE

Doutora em Educação, professora do Departamento de Psicologia e Orientação Educacionais da Universidade

Federal de Pernambuco, membro do Centro de Estudos em Educação e Linguagem (CEEL).

e-mail: *elianaba@terra.com.br*

ELIANE NASCIMENTO S. DE ANDRADE

Mestre em Educação, professora da Rede Estadual de Pernambuco, membro do Centro de Estudos em Educação e Linguagem (CEEL).

e-mail: *eli.andrade@uol.com.br*

ESTER CALLAND DE SOUZA ROSA

Doutora em Educação, professora do Departamento de Psicologia e Orientação Educacionais da Universidade Federal de Pernambuco, membro do Centro de Estudos em Educação e Linguagem (CEEL).

e-mail: *esterosa@uol.com.br*

MARIA LÚCIA FERREIRA DE FIGUEIRÊDO BARBOSA

Doutora em Lingüística, professora do Departamento de Métodos e Técnicas de Ensino da Universidade Federal de Pernambuco, membro do Centro de Estudos em Educação e Linguagem (CEEL).

e-mail: *luciafyg@bol.com.br*

TELMA FERRAZ LEAL

Doutora em Psicologia, professora do Departamento de Métodos e Técnicas de Ensino da Universidade Federal de Pernambuco, membro do Centro de Estudos em Educação e Linguagem (CEEL).

e-mail: *tfleal@terra.com.br*

Qualquer livro do nosso catálogo
não encontrado nas livrarias pode ser pedido
por carta, fax, telefone ou pela Internet.

Autêntica Editora
Rua Aimorés, 981 8º andar – Bairro Funcionários
Belo Horizonte-MG – CEP: 30140-071
Tel.: (31) 3222 6819
Fax: (31) 3224 6087
e-mail: vendas@autenticaeditora.com.br
www.autenticaeditora.com.br

Visite a loja da Autêntica na Internet:
www.autenticaeditora.com.br
ou ligue gratuitamente para
0800-2831322